Geschichte der
Krippe in Bayern

Peter Riolini
Guido Scharrer

Impressum:

Herausgeber:	Peter Riolini und Guido Scharrer im Auftrag des Verbands Bayerischer Krippenfreunde e.V. 1. Auflage, 2010
ISBN-Nr.:	978-3-931578-26-8
Autoren:	Johannes Buhl, Nina Gockerell, Wilfried Kuntke, Klaus Porten, Peter Riolini, Guido Scharrer
Copyright:	Verband Bayerischer Krippenfreunde e.V.
Druck:	Druckerei und Verlag Beck, Straubing

Titelbild:	Oberammergauer Krippe (Ausschnitt), geschnitzt aus Fichtenholz, farbig gefasst, 2. Hälfte 19. Jh.
Umschlagrückseite:	Winterkrippe auf fränkischem Marktplatz, bekleidete Holzfiguren (20 cm), Ende 70er Jahre
Bildnachweis:	Kai Amelung, München 7 – Bamberger Krippenfreunde 61 – Franz Baumann, Traunstein 15 – Bayerisches Nationalmuseum, München 11, 12, 13 (unten) – Hans Beil, Friedberg 52 – Benediktinerinnenabtei Frauenwörth 8 – Gäubodenmuseum Straubing 27 (oben) – Stephan Heigl, Cham 31 – Thomas Huber, Regensburg 29, 38, 41 (rechts) – Landesstelle für die nichtstaatlichen Museen in Bayern, München 13 (oben) – Wolf-Christian von der Mülbe, Dachau 9 – Ursula Pfistermeister, Birgland 10, 57, 58 – Christine Pöllmann, Schwandorf 32, 39 – Peter Riolini, Augsburg 45, 47, 48, 49, 50 – Sepp Rostra, Augsburg 44 – Hans Schäfer, München 16 – Guido Scharrer, Straubing 14, 17 (oben), 19, 20, 22, 23 (oben), 25, 26, 27 (unten), 28 (unten), 33, 35, 36, 40, 41 (links), 43 (Reproduktion), 46, 51, 53, 54 (beide), 60, 63, 64, 65, 67 (rechts), 68, 69, Rückseite Umschlag – Ulli Scharrer, Straubing 21, 23 (unten), 55 (beide), 66, 67 (links) – Werner Scheibl, Amberg 34 – Albert Schneider, Waldsassen 37 – Michael Suffa, Bamberg 59 – Erhard Trummer, Aschaffenburg 62 (Reproduktion) – Werdenfelser Krippenfreunde, Garmisch-Partenkirchen 17 (unten) – Christian Wild, Augsburg Titelbild, 24, 28 (oben)

Vorwort

Liebe Krippenfreunde!

Sie haben ein gelungenes Buch in ihren Händen. In aller Kürze und Prägnanz werden Sie in die reiche Geschichte der Krippe in Bayern eingeführt. Die Autoren lassen mit Wort und Bild das Heilsgeschehen erleben, das eingebettet ist in die Kreativität des Geistes und in die Kunst der menschlichen Hände. Es kommen Vergangenheit und Gegenwart zur Sprache. Volkskunst und Kunst im klassischen Sinn begegnen uns im Krippenbau. Dabei sind sich die Autoren bewusst, dass ihr Unterfangen immer an Grenzen stößt, aber genau das macht dieses Werk so wertvoll. Es ist ein Fundus, der das Interesse weckt, Türen öffnet und in die geheimnisvolle Welt vor allem der Weihnachtskrippen hinführt.

Die Bilder und Aufsätze stellen sich dem Anspruch wissenschaftlicher Forschung und zeichnen sich durch fundierte Fachkenntnisse aus. Das Wissen um die Krippen nimmt nämlich viele Fachbereiche herein, angefangen von der Theologie, der Verkündigung, Volkskunst und Kunst. Es wird zum soziologischen Spiegel der Zeit, zum hermeneutischen Schlüssel, wie jeweils das Umsetzen des Wortes GOTTES in der Zeit geschieht. Krippen beginnen für den Betrachter beim Schauen, bleiben aber nicht dort stehen, sondern wollen verstanden werden. Allen diesen Kriterien haben sich die Verfasser/in einschließlich der Redaktion gestellt. Dafür danke ich herzlich besonders Herrn Guido Scharrer und Herrn Peter Riolini, die als Autoren und Redakteure diese Absichten umgesetzt haben.

Der Bayerische Krippenverband will damit allen Lesern ein Werk vorlegen, das mit seiner reichen Bilderwelt die Augen erfreut, aber zugleich mit dem Anspruch der Wissenschaftlichkeit den Krippen jenen Platz einräumt, der ihnen zusteht. In seiner kompakten und überschaubaren Präsentation kann „Geschichte der Krippe in Bayern" vielen Krippenfreunden neue Impulse und Einsichten geben, der reichen Tradition des Krippenbaus in unserer Heimat im wörtlichen Sinn „nachgegangen" und die ungebrochene Vitalität der Krippenkunst entdeckt werden.

Daher wünsche ich diesem Buch viele interessierte Leser, die nicht nur den Buchdeckel aufschlagen, sondern die Türen öffnen, die ihnen dieses Buch weist. Krippen sind eben keine Reminiszenz des Vergangenen, sondern Botschafter des Kommenden.

Dingolfing, am Fest Mariä Geburt 2010

Martin J. Martlreiter

Martin J. Martlreiter, Verbandspräsident

Überlegungen der Herausgeber

Geschichte, Wesen und Art der Krippe zeigen so viele Aspekte auf, dass man sich in dieser kleinen Publikation nur auf einige konzentrieren konnte. Vollständigkeit – besonders auch zu den Standorten – wäre ohnehin eine Illusion. Als allgemeine Leitlinie wurde die historische Entwicklung der Krippe in Bayern gewählt, vor allem untermauert mit wissenschaftlicher Sekundärliteratur und ergänzt durch eigene Recherchen. Natürlich wäre hier noch eine Fülle an Forschungen wünschenswert.

Die Idee zu diesem Buch reicht auf den 18. Weltkrippenkongress zurück, der vom 23. bis 27. Januar 2008 in Augsburg stattfand. Damals konnten die Texte – für die vorliegende Ausgabe aktualisiert und bebildert – in fünf Sprachen den Teilnehmern überreicht werden.

Methodisch verursachte besonders die Gliederung erhebliches Kopfzerbrechen. Immer war uns bewusst, dass sogenannte Krippenlandschaften nicht politische Grenzen einhalten, schon gar nicht die der Regierungsbezirke in Bayern. Der Übersichtlichkeit halber entschieden wir uns dennoch für diese Einteilung: Krippenlandschaften – oder besser ausgedrückt: bestimmte Tendenzen der Krippengestaltung, die in einzelnen Klein- oder Kulturregionen entstanden sind – existieren mehr oder minder ausgeprägt in den Regierungsbezirken, überlappen sich aber auch. Und manche, vor allem jüngere Krippenzentren kann man nur schwer oder gar nicht landschaftstypisch charakterisieren. Die Publikation sollte aber nicht in zahlreiche, letztlich doch wieder in sich verzahnte Krippenregionen eingeteilt werden, was den Leser eher verwirren dürfte. Natürlich gibt es etliche detaillierte Einzeluntersuchungen.

Da die Beiträge von verschiedenen Autoren geschrieben sind, werden hier individuelle Vorlieben und Interessensschwerpunkte deutlich. Es wäre wohl kaum günstig gewesen, die Texte in ein einheitliches Schema zu pressen. In diesem Sinne sind auch jeweils die Literaturangaben, die nur in Auswahl erfolgen können, und die Fußnoten zu bewerten. Die fränkischen Regierungsbezirke werden zusammengefasst, da hier das Krippenwesen vor allem historisch nicht so ausgeprägt ist. Die Moselregion Klüsserath, seit 1982 dem Bayerischen Krippenverband angeschlossen, wurde als geschätzte Enklave gerne aufgenommen.

Die Texte werden durch Bilder unterstützt und nicht selten ergänzt. Neben Fotos von wichtigen und wertvollen Krippen finden sich einfache, aber regionaltypische Objekte. Sicherlich wird mancher die eine oder andere Krippe vermissen. Die Auswahl fiel wirklich schwer, musste sich aber – neben der Beschränkung auf den Buchumfang – auch an der Qualität und Möglichkeit der Aufnahmen, am Entgegenkommen der Fotografen und manchmal an den Kosten orientieren. Außerdem sollten lieber großformatige als eine Vielzahl von kleinen – und damit wenig wirkungsvollen – Bildern gezeigt werden. Ältere historische Lichtbilder, an vielen Orten kaum oder nicht vorhanden, konnten vereinzelt berücksichtigt werden.

Übersichtskarten zu wichtigen Krippenstandorten in einzelnen Regierungsbezirken – auch hier wurden die drei fränkischen als Einheit betrachtet – schaffen zusätzliche Informationen und sollen zu Krippenfahrten motivieren. Den Charakter eines Handbuches zur Geschichte und Situation der bayerischen Krippe verstärken außerdem ein konzentriertes Literaturverzeichnis, eine Bayernkarte zu den aktuellen Standorten der dem Verband angeschlossenen Ortsvereine (mit Gründungsjahr) und eine Liste der Museen, in denen Krippen meist ganzjährig zu sehen sind.

Herzlich danken wir den Autoren und Fotografen für ihr Entgegenkommen, ihre Arbeit und ihr Verständnis, ohne die diese Publikation nie hätte erscheinen können.

Peter Riolini
Guido Scharrer

Inhalt

Nina Gockerell
Krippe in Oberbayern
6

Guido Scharrer
Krippe in Niederbayern
18

Johannes Buhl
Krippe in der Oberpfalz
30

Peter Riolini
Krippe in Schwaben
42

Wilfried Kuntke
Krippe in Franken
56

Klaus Porten
Krippe in der Moselregion
69

Krippenmuseen und Krippen in Museen
70

Literaturverzeichnis
72

Übersichtskarte der Ortsvereine
73

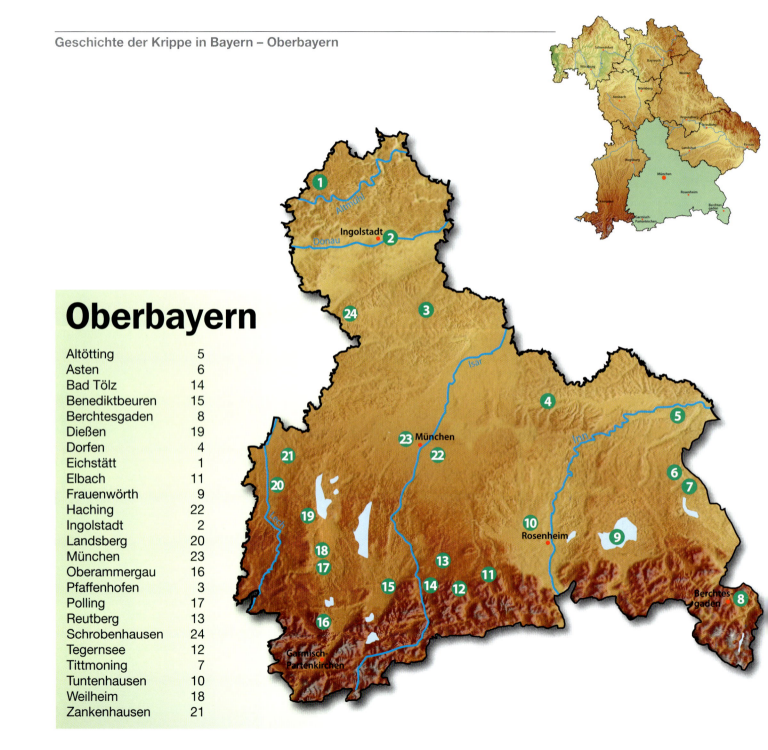

Nina Gockerell
Krippe in Oberbayern

Krippe – Begriff und Sache

Vor dem 17. Jahrhundert sind in Bayern keine Krippen anhand erhaltener Figuren nachzuweisen, auch wenn es sie – das zeigen Archivalien – etwa am Münchner Hof mit Sicherheit gegeben hat. Da aber der Begriff „Krippe" nicht gleichzeitig mit der Sache bekannt und geläufig wurde, ist es nicht immer ganz einfach, schriftliche Überlieferungen richtig zu deuten, wurde das Wort „kripl" doch in der Frühzeit zuweilen sogar für gemalte Darstellungen der Geburt Christi verwendet. Aber über alle Vorformen, wie zum Beispiel die geistlichen Spiele oder den Brauch des Kindlwiegens oder auch die Krippenaltäre hinweg, führten die allmählich zunehmende Ausstattung der Futterkrippe mit dem Jesuskind und die Anreicherung mit weiteren Figuren schließlich zur szenischen Krippe.[1]

Erste Krippen am Münchner Hof und die Jesuiten als Förderer des kirchlichen Krippenbaus

In der Münchner Residenz muss es schon um 1570 eine Krippe gegeben haben. In den Jahren 1577 und 1584 bestellte die Erzherzogin von Steiermark, eine Wittelsbacher Prinzessin, bei ihrem Bruder Herzog Wilhelm V. Figuren für die Krippe des steirischen Hofes. Das bedeutet, dass sie diesen Brauch aus ihrer Heimat München kannte und dass dort Krippenfiguren zu haben waren. Aus ihren Briefen weiß man, dass sie gekleidete Figuren bevorzugte, weil die geschnitzten ihr nicht gefielen und auch viel zu teuer waren.[2] In den folgenden Jahren mehren sich am Münchner Hof die Rechnungen von Handwerkern und Künstlern für Krippen und Weihnachtsbilder und für die zu ihrer Aufstellung nötigen Holzkonstruktionen.

Für die richtige Einschätzung der Frühgeschichte der Kirchenkrippe ist es wichtig zu betonen, dass vor 1600 nicht von besonderen Zeremonien beim Christgeburtsfest in den Kirchen berichtet wird. Die Ernennung des Petrus Canisius zum ersten Provinzial der Oberdeutschen Ordensprovinz der Jesuiten im

Augustinerkindl München, um 1600
Vom Original gibt es zahlreiche Kopien: Den weihnachtlichen Brauch des Kindleinwiegens pflegten Kinder in Kirchen und Nonnen in Klöstern.

Jahre 1556 und die im gleichen Jahr erfolgte endgültige Etablierung der Jesuiten an der Herzoglichen Universität Ingolstadt schufen dann aber die Ausgangsposition für eine flächendeckende Rekatholisierung. Die pädagogischen Möglichkeiten des Krippenbaus ebenso erkennend und nutzend wie diejenigen des geistlichen Schauspiels, wurden die Jesuiten die ersten und bedeutendsten Förderer dieser szenischen Andachtsbilder, die vielfach mit erstarrten Schauspielszenen verglichen wurden. Ein Angehöriger des Ordens, Philipp de Berlaymont, veröffentlichte 1619 einen Traktat über den Krippenbau und betonte darin das Wesentliche: die Absicht der Rekonstruktion des heiligen Geschehens. An der Wende zum 17. Jahrhundert finden sich die ersten Nachrichten über Krippen in Kirchen des Jesuitenordens. Dessen Niederlassung in

---

1 Ausführlich nachzulesen in: Gockerell, Nina: Krippen im Bayerischen Nationalmuseum, München 2005
2 Mitterwieser, Alois: Frühere Weihnachtskrippen in Altbayern, München 2. Auflage 1927, S. 3f

Geschichte der Krippe in Bayern – Oberbayern

Figuren aus der Krippe von Frauenwörth, 1. Hälfte 17. Jahrhundert
Die einzelnen Darstellungen – hier ein Ausschnitt aus der Hochzeit von Kana – mit ihren prächtigen Figuren in 40 cm Größe werden heute noch vor allem als Mittel der Glaubensverkündigung und Meditation verstanden.

Altötting dürfte im Jahr 1601 die erste nördlich der Alpen gewesen sein, in der ein „praesepe apparatus" aufgebaut wurde; 1607 folgte St. Michael in München, 1608 Innsbruck und 1609 Hall in Tirol; bereits 1560 hatten Jesuiten in ihrem Kolleg in Coimbra und 1562 in Prag eine Krippe aufgestellt.

Barockkrippen in Oberbayern

In Oberbayern sind einige große barocke Krippen erhalten geblieben und können heute noch – beziehungsweise in vielen Fällen heute wieder – zur Weihnachtszeit (oder auch ganzjährig in gesonderten Räumen) besichtigt werden. Einige Beispiele mit sehr unterschiedlichen Entstehungsgeschichten sollen hier kurz geschildert werden.

Die Krippe der Benediktinerinnen auf Frauenwörth
1627 – mitten im 30-jährigen Krieg – hören wir zum ersten Mal in einem Frauenkonvent von einer Krippe. Magdalena Haidenbucher, die tatkräftige Äbtissin des Benediktinerinnenklosters auf der Fraueninsel im Chiemsee, ließ in diesem Jahr eine umfangreiche Krippe anschaffen. Die Abtei Frauenwörth besitzt noch heute eine der schönsten und umfangreichsten Klosterkrippen in Bayern. Die von mindestens fünf verschiedenen Schnitzern aus unterschiedlichen Zeiten stammenden Figuren werden alljährlich mit großer Sorgfalt und viel Sachkenntnis in der Maria-Mitleid-Kapelle im Münster aufgestellt. Die Szenen halten sich streng an die Evangelien: Verkündigung an die Hirten, Anbetung der Könige, Hochzeit zu Kanaa. Vier messianische Propheten, Johannes der Täufer und die Begegnung zwischen König Salomo und der Königin von Saba können ebenfalls gezeigt werden. Das heilige Paar in der Frauenwörther Krippe verdient sorgfältige Beachtung, denn beide Figuren sind so prächtig gekleidet, wie das fast nur noch aus den Schriftquellen für die Barockzeit zu erahnen ist.[3]

Die Krippe in Tuntenhausen – ein fürstliches Geschenk
Eine weitere Kirchenkrippe ist seit 1991, wenn auch in einer rein musealen Aufstellung, wieder zugänglich: die Krippe von Tuntenhausen, die mit ihren über 250 großen geschnitzten und kostbar bekleideten Figuren zu den umfangreichsten und zweifellos zu den qualitätvollsten Krippen in Bayern gehört.

---

[3] Siehe Heisterkamp, Katharina / Karger, Michael: Die Barockkrippe der Abtei Frauenwörth im Chiemsee, Lindenberg 2005

Tuntenhausener Krippe, 1678
Die Krippe der Wallfahrtskirche mit ihren 15 Wechselszenen – hier der Kindermord von Bethlehem – wurde der Überlieferung nach von Kurfürst Ferdinand Maria gestiftet.

Geschichte der Krippe in Bayern – Oberbayern

1678 soll Kurfürst Ferdinand Maria der Wallfahrtskirche Tuntenhausen, mit der das Haus Wittelsbach seit dem 16. Jahrhundert eng verbunden war, seine eigene, sozusagen abgelegte Krippe vermacht haben. Nach langwierigen Restaurierungsarbeiten sind heute die alttestamentarischen „Präfigurationen" in Anlehnung an die im 18. Jahrhundert übliche Art der Aufstellung und nach den im Pfarrarchiv überlieferten Aufzeichnungen mit einbezogen.[4]

Die Krippe von Dorfen – vom Pfarrer bestellt
Zu den glücklichen Wiederentdeckungen barocker Krippen gehört auch die in Teilen noch erhaltene und um schöne spätere Figuren ergänzte Kirchenkrippe in Dorfen bei Erding, die nach ihrer aufwändigen Bearbeitung in den Jahren 1990 bis 1995 nun wieder aufgebaut wird. Weder ein historischer Aufstellungsplan noch Landschafts- oder Architekturteile hatten sich erhalten, was dazu geführt hat, dass die Krippe heute als Wandelkrippe mit den üblichen Szenen des engeren Weihnachtskreises gezeigt wird. Der Chorherr des Freisinger Andreasstifts, Dr. Philipp Franz Lindmayr, hatte die prachtvollen Figuren ab 1722 in München in Auftrag gegeben.[5]

Weitere oberbayerische Barockkrippen
Bedenkt man die durch Säkularisation und nachfolgende Zeiten der Interesselosigkeit verursachten Verluste, so ist man überrascht über die Vielzahl der dennoch überkommenen barocken Kirchen- und Klosterkrippen. Manche von ihnen stehen den vorausgehend beschriebenen kaum nach. Eine Reihe von ihnen wurde in letzter Zeit wieder hergerichtet, andere harren noch der Restaurierung. Ohne Anspruch auf Vollständigkeit sollen hier nur einige von ihnen aufgezählt werden: Asten (bei Tittmoning, Kirche Maria Himmelfahrt), Bad Tölz (Mühlfeldkirche), Benediktbeuren (Pfarrkirche St. Benedikt), Elbach (Pfarrkirche St. Andreas), Ingolstadt (Liebfrauenmünster; ganzjährig aufgestellt), Landsberg (Pfarrkirche Maria Himmelfahrt), Pfaffenhofen a. d. Ilm (Spitalkirche), Kloster Polling (heute in St. Ulrich und Afra, Augsburg), Kloster Reutberg, Schrobenhausen (heute im Heimatmuseum), Kloster Tegernsee, Weilheim (Pfarrkirche Maria Himmelfahrt), Zankenhau-

Krippe der Klosterkirche Dießen, Mitte 18. Jahrhundert
Unter den bedeutenden oberbayerischen Großkrippen ist sie die einzige mit vollgeschnitzten Figuren (Höhe 35 cm), die vor allem vom Münchner Hofbildhauer F. X. Schmädl stammen.

sen (nördlich des Ammersees, St. Johann Baptist).[6]

Die Krippe des ehemaligen Augustiner-Chorherrenstifts Dießen
Von diesen gekleideten Krippen unterscheidet sich die 1739 geschaffene Krippe des ehemaligen Augustiner-Chorherrenstifts Dießen am Ammersee, weil ihre Figuren vollplastisch geschnitzt sind. Ein Teil der durchwegs künstlerisch hochwertigen Figuren kann dem Bildhauer F.X. Schmädl aus Weilheim

---

4 Siehe Gebhard, Torsten: Die Tuntenhausener Barockkrippe und ihre Neuaufstellung 1991. In: Bayerisches Jahrbuch für Volkskunde 1992, S. 141-152
5 Nadler, Stefan und Feuchtner, Manfred: Die Dorfener Krippe, Lindenberg 1996
6 Vgl. Pfistermeister, Ursula: Barockkrippen in Bayern, Stuttgart 1984

Geschichte der Krippe in Bayern – Oberbayern

zugeordnet werden. Einzigartig an dieser Krippe ist der kunstvoll aus Leinwand, Naturmaterialien, geschnitzten Versatzstücken und illusionistisch gemalten Durchblicken gestaltete, hoch aufragende Berg.[7]

Eine weitere Besonderheit dieser Kirche ist der Wandelaltar, der nach Entfernen des Altarblattes einen Kulissenraum für die lebensgroßen Darstellungen der Weihnachts-, Passions- und Osterzeit freigibt. Einen ebensolchen Altar besitzt die Stadtpfarrkirche in Bad Tölz mit 1,30 m großen gekleideten Figuren des Tölzer Bildhauers Franz Anton Fröhlich (1770-1841) und mit Kulissen des Münchner Hoftheatermalers Simon Quaglio.[8]

Staatliche und kirchliche Verbote und der Niedergang der Krippenkultur um 1800

Die Reformen Josephs II. hatten – von Österreich her auf Bayern übergreifend – auch hier den Boden bereitet für die Verbote von Wallfahrten und Votivgaben, Prozessionen, Passionsspielen und Krippen, die nun als lächerlich angeprangert wurden. Am 4. November 1803 dekretierte Minister Montgelas, dass die Kirchenkrippen, die, wie er meinte, „…lediglich kleinen Kindern zum Vergnügen dienen…", nicht mehr aufgestellt werden

Berchtesgadener Krippenkästchen, Ende 18. Jahrhundert
Die in einem Rokokoschrein (62,5 x 58 x 36 cm) untergebrachten, einst als Massenware produzierten Schnitzfigürchen stehen in einer grottenartigen Berglandschaft aus Naturmaterialien.

---

7 Pfistermeister, ebenda, S. 116f
8 Schmeller, Siegfried: Die Tölzer Altarkrippe. In: Bayerischer Krippenfreund 28. September 1992, S. 10f

Geschichte der Krippe in Bayern – Oberbayern

Münchner Krippe, frühes 19. Jahrhundert
Hohe Qualität in mehrfacher Weise bewiesen verschiedene Münchner Meister beim Schnitzen von Tieren und exotischen Fabelwesen, wie sich hier bei einer ungewöhnlichen Flucht nach Ägypten zeigt.

durften.[9] Zahlreiche wertvolle Kirchenkrippen überstanden die Zeit ihrer obrigkeitlichen Ablehnung in Privathäusern, deren Besitzer ihnen sozusagen Asyl gewährt hatten.

Nach Aufhebung der Verbote durch den jungen König Ludwig I., wenige Tage vor Weihnachten 1825, erlebte die Krippenkultur in Bayern einen neuen Aufschwung. Erstaunlich bleibt die Tatsache, dass offensichtlich auch während der Verbotszeit mancherorts neue Figuren angeschafft und die vorhandenen Aufstellungen erweitert worden waren. Als Krippendörfer profilierten sich kleinere Orte im Oberland, die bereits auf eine längere Schnitztradition zurückblicken konnten. In Berchtesgaden entstanden in Heimarbeit flüchtig geschnitzte, mit leuchtenden Farben bemalte Figürchen von eher geringem künstlerischen Anspruch. In Oberammergau wurden dagegen neben der Massenproduktion von begabten Schnitzern immer auch individuelle Schöpfungen angeboten. Im dortigen Museum ist eine der interessantesten historischen Kirchenkrippen zu sehen, die Oberbayern aufzuweisen hat, wurde sie doch von den bedeutendsten Schnitzern des Ortes zwischen etwa 1830 und 1860 gemeinsam angefertigt und enthält deshalb Figuren aus ganz verschiedenen Oberammergauer Werkstätten.[10] Dennoch muss festgehalten werden, dass die Tradition der figurenreichen, großformatigen Kirchen- und Klosterkrippen mit der Säkularisation ihr Ende gefunden hatte.

9 Goy, Barbara: Aufklärung und Volksfrömmigkeit in den Bistümern Würzburg und Bamberg, Würzburg 1969, S. 26
10 Vgl. hierzu: Die historische Kirchenkrippe im Oberammergau Museum. Geschichte und Restaurierung, München/Berlin 2004

Geschichte der Krippe in Bayern – Oberbayern

Historische Oberammergauer Kirchenkrippe, überwiegend 1. Hälfte 19. Jh.
Die von unterschiedlichen örtlichen Schnitzern über einen Zeitraum von etwa 100 Jahren entstandene Krippe mit ca. 25 cm großen Figuren befindet sich heute im Oberammergauer Museum.

Orientalische Krippe von Sebastian Osterrieder, München ca. 1910/20
In einer Zeit der Abkehr von religiösen Themen entwickelte der akademische Bildhauer künstlerisch anspruchsvolle Krippenszenen, die er in neuer Technik und historisierendem Stil manufakturmäßig herstellen ließ.

Geschichte der Krippe in Bayern – Oberbayern

Volkstümliche Oberammergauer Krippe, 2. Hälfte 19. Jh.
Billige Massenware (Figurengröße 8-12 cm) dieser Art wurde in Hausindustrie hergestellt, kam zu vielen Tausenden in den Handel und wurde sowohl durch Einzelhändler als auch über Verlegerfirmen in ganz Europa vertrieben.

Krippen für private Käufer

Schon im 18. Jahrhundert befriedigten die Oberammergauer Schnitzer den Bedarf nicht nur kirchlicher, sondern auch privater Auftraggeber. Ebenso blühte daneben in den kunstvollen Klosterarbeiten des Rokoko eine Kleinkunst, die vor allem für die Devotion in der privaten Sphäre bestimmt war. Eine Sonderstellung nehmen in diesem Zusammenhang die subtilen Wachsplastiken des in Tittmoning tätigen Johann Baptist Cetto (1671-1738) ein, die in ihrer artifiziellen Meisterschaft mit den Elfenbein-Mikroschnitzereien verglichen werden können. Die wichtigste Folge der Krippenverbote aber ist die Tatsache, dass die weihnachtlichen Szenarien vermehrt Eingang in die Familien gefunden haben, was zu einer enormen Steigerung der Qualität häuslicher Krippen und zu einer erhöhten Produktion führte. Überall ließen sich Krippenschnitzer nieder und erfüllten die Wünsche der Kunden nach immer detailreicheren Genreszenen. In Krippen wurde nun häufig das ganze Leben Jesu, einschließlich der Passionsgeschichte, dargestellt. Die Szenarien wurden kleiner, voll geschnitzte Figuren gewannen größeren Anteil am Angebot; andererseits wurden auch gerne Puppenrümpfe mit Drahtgliedern mit seriell gegossenen Wachsköpfen ausgestattet und bekleidet.

Münchner Krippen

München, die Hauptstadt des seit 1806 bestehenden Königreichs Bayern, wurde in der ersten Hälfte des 19. Jahrhunderts zu einem wichtigen Zentrum des Krippenbaus mit hervorragenden Schnitzern. Gemeinsam ist ihren äußerst kunstreichen Schöpfungen die Verwendung von Lindenholz für die fein gearbeiteten Gliederfiguren in einer Größe von etwa 25 cm sowie ihre sorgfältige Bekleidung mit Textilien. Der von den „Nazarenern", einer deutschen Malergilde in Rom, geprägte orientalische Typus beherrscht die Münchner Krippen des frühen Biedermeier. Er löste die in die heimische Tracht gekleideten Hirten des vorangegangenen Jahrhunderts ab.
An der Wende vom 19. zum 20. Jahrhundert, als das Interesse an christlicher Kunst ganz allgemein sehr nachgelassen hatte, gelang es einem akademischen Bildhauer – Sebastian Osterrieder (1864-1932) – noch einmal, für Krippen zu begeistern. Er spezialisierte sich auf die Anfertigung von Figuren im orientalischen Typus in einer ganz neuen Herstellungstechnik. Sie wurden als Aktfiguren in einer Gipsmasse gegossen und ihre Gewänder von zahlreichen Meistern in seinem „Atelier für Christliche Kunst" aus leimgetränktem Stoff aufka-

Geschichte der Krippe in Bayern – Oberbayern

Seehuber-Krippe Traunstein, 2. Hälfte 19. Jahrhundert
Mit dem zeittypischen kaschierten Rupfenberg (Rekonstruktion) und dem gemischten Bestand an gekleideten, mit Wachsköpfen versehenen Figuren zwischen 16 und 20 cm Höhe stellt sich hier ein Beispiel für eine große Privatkrippe dar, die sich aber schon seit 1931 in Kirchenbesitz befindet.

Geschichte der Krippe in Bayern – Oberbayern

Münchner Bühnenkrippe, 30er Jahre 20. Jh.
Die bekannte „Tennenkrippe" von Pfarrer Hans Schäfer (1909-1986) im Stil der späten Münchner Krippen wirkt durch die Stimmung, die mit zurückhaltenden Gestaltungsmitteln erreicht wird.

schiert und bemalt, eine Art, wie sie ähnlich um 1700 in Sizilien üblich gewesen war. So gibt es zwar nur eine überschaubare Zahl von Osterrieder-Figurentypen, deren Kleidung sich in Form, Farbe und Musterung jedoch jeweils deutlich unterscheidet. Osterrieder kann als der letzte innovative Münchner Krippenkünstler bezeichnet werden, der, wenn auch in durchaus historisierendem Stil, etwas für seine und die spätere Zeit Gültiges geschaffen hat.[11]

11 Vogel, Hermann: Sebastian Osterrieder – der Erneuerer der künstlerischen Weihnachtskrippe. Leben und Werk, Lindenberg 2010

Geschichte der Krippe in Bayern – Oberbayern

Heimatliche Hauskrippe, Ottobrunn 1970ff
Der bekannte Bildhauer Josef Hien, einst vom Münchner „Krippenpapst" Theodor Gämmerler geprägt, entwickelte besonders mit den „sprechenden Händen" seiner Figuren seinen individuellen Stil, wie hier bei seiner eigenen Krippe.

Die Krippenabteilung des Bayerischen Nationalmuseums
Das Bayerische Nationalmuseum besitzt die künstlerisch wertvollste und umfangreichste Krippensammlung der Welt. Gezeigt werden vielfigurige Weihnachtsszenen, die im Alpenraum und in den Krippenzentren Italiens zwischen 1700 und dem Ende des 19. Jahrhunderts geschaffen wurden. Den größten Teil dieser unvergleichlichen Sammlung verdankt das Museum dem Münchner Kommerzienrat Max Schmederer (1854-1917), der nicht nur ein großer Sammler, sondern auch ein einfallsreicher Gestalter von Krippen war. Seine Szenerien werden noch heute weitgehend als zusammengehörige Ensembles aus Figuren, Landschaft, Architektur und gemaltem Prospekt empfunden; Schmederer hat damit einen eigenen Stil, der bis heute vorbildgebend wirkt, geprägt.
Nach den Zerstörungen des Zweiten Weltkriegs konnte Wilhelm Döderlein (1903-1964) am 1. Advent 1959 die neue Krippenabteilung eröffnen. Döderlein hatte in Bartholomäus Wappmannsberger aus Prien am Chiemsee einen begabten Maler gefunden, der heimische wie auch orientalische Landschaften in Freskotechnik auf die Drahtputzkuppeln der einzelnen Schaukästen malte. Die Aufstellung der Figuren, die stets spannungsreich in Gruppen und dann wieder vereinzelt auftreten, behielt Döderlein sich selbst vor, und so entstanden Szenen von feiner Zartheit neben solchen von unerhörter Dramatik. Döderleins Art der Präsentation vielfiguriger Krippen war stark beeinflusst von Schmederers romantischer Auffassung. Der größte Teil der Krippenabteilung des Bayerischen Nationalmuseums überliefert bis heute den von Max Schmederer nach historischen Vorbildern mit eigenen Zutaten und Ideen geschaffenen Krippenstil, der mit dem Typus der Bühnenkrippe über Generationen Nachahmer in der ganzen Welt gefunden hat.

Alpenländische Krippe, Ende 20. Jahrhundert
Dieser heute sehr beliebte Krippenstil beschwört mit naturalistischen Mitteln eine „gute alte Zeit" im Werdenfelser Land.

17

Geschichte der Krippe in Bayern – Niederbayern

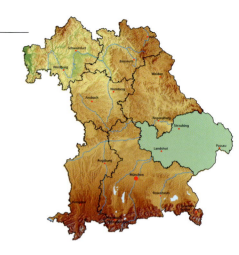

Niederbayern

Abensberg	12
Bischofsmais	3
Bodenmais	1
Deggendorf	18
Dingolfing	9
Kößlarn	8
Landshut	11
Leiblfing	15
Mallersdorf	14
Michaelsbuch	17
Otterskirchen	6
Passau	5
Regen	2
Rohr	13
Sammarei	7
Straubing	16
Tittling	4
Vilsbiburg	10

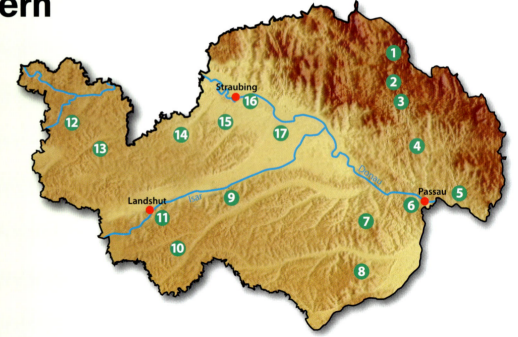

Guido Scharrer
Krippe in Niederbayern

Politische, geographische und sozio-ökonomische Besonderheiten

Der Regierungsbezirk Niederbayern[1] hat sich schon immer gewisse Eigenarten bewahrt – oder sie erdulden müssen –, die sich teilweise auch in der Krippengeschichte widerspiegeln. Heute kann sich die Region quantitativ sicherlich nicht mit den Krippenlandschaften vor allem in Schwaben und Oberbayern messen, qualitativ in bemerkenswerten Einzelobjekten aber gewiss. Diese Maßstäbe würden sich erheblich verschieben, wenn man Niederbayern als „bairisches Unterland" vor 200 Jahren und früher betrachtete, zumal bis dahin besonders Teile Oberbayerns und Oberösterreichs dazu gehörten. Die Uneinheitlichkeit kennzeichnet Niederbayern auch topographisch – ebenfalls nicht unwichtig für die Krippengeschichte –, da es sich aus Mittelgebirgen, Hügelländern und Talebenen, durchzogen von den Hauptflüssen Inn, Isar und Donau,

Große Barockkrippe der Straubinger Karmeliten, ab 1. Hälfte 17. Jahrhundert
Mit den einen Meter hohen restaurierten Jesuiten-Figuren werden in der Weihnachtszeit sechs verschiedenen Szenen aufgebaut, von der Verkündigung bis zur Flucht nach Ägypten.

1 Zur Geschichte Niederbayerns sei nur auf verschiedene Ausgaben und Bände von Spindler, Max (u.a.): Handbuch der Bayerischen Geschichte, München verschiedene Jahre sowie auf Huber, Gerald: Kleine Geschichte Niederbayerns, Regensburg 2007, verwiesen.

Geschichte der Krippe in Bayern – Niederbayern

Vollplastische Krippenbilder in Sammarei, 1646
Für die einzigartige frühbarocke Altaranlage hat Jakob Bendl aus Pfarrkirchen auch die Geheimnisse des freudenreichen Rosenkranzes geschnitzt, die als eines der ältesten und eindrucksvollsten weihnachtlichen Bildhauerwerke Niederbayerns gelten.

zusammensetzt. Oder anders formuliert: Politische und geographische Grenzen sind mit kulturellen auch hier nicht identisch. Es bildeten, sich wie anderswo, bestimmte Krippenzentren und Schwerpunkte heraus. Diese veränderten sich natürlich im Laufe der geschichtlichen Entwicklung.

Prägend für die Krippengeschichte muss wohl auch die spezielle sozio-ökonomische Situation gesehen werden, die – etwas vereinfacht – doch gewisse Einheitlichkeiten aufweist. So entwickelte sich im früher noch stärker ländlich strukturierten Niederbayern, abgesehen von Einzelbeispielen nach dem Zweiten Weltkrieg, keine professionelle Schnitzertradition; auch im Bayerischen Wald hat die Holzschnitzkunst „nur einen marginalen Stellenwert"[2]. Das dürfte u.a. damit zu tun haben, dass bis weit ins 20. Jahrhundert hinein kein entsprechender Kulturaustausch mit dem Umland – ausgenommen mit Böhmen – stattfand. Außerdem führte das einst allgemein praktizierte Anerbenrecht dazu, dass die zweit- und später geborenen Söhne meist gesellschaftlich absanken, sich als Knechte oder kleine Handwerker „durchfretten" mussten und sich oft nur nebenbei damit abgeben konnten, was alles im Alltag unmittelbar gebraucht wurde: So fertigten die „Bitzler" im Bayerischen Wald kaum Krippenfiguren, schon eher gelegentlich Herrgotten oder Heiligenfiguren, vor allem aber Werkzeuge oder Holzschuhe. Außerdem setzte die manufakturhafte und industrielle Entwicklung in Niederbayern eigentlich erst im 20. Jahrhundert ein, so dass auch keine Massenherstellung von Krippenfiguren bekannt ist.

Ebenfalls zeigen sich religiös-kulturelle Besonderheiten. Abgesehen von der evangelischen Enklave Ortenburg ist Niederbayern – die letzten Jahrzehnte ausgenommen – fast einheitlich katholisch und wurde in den Jahrhunderten vor 1918 ausschließlich von den Wittelsbachern regiert. Dies müsste zwar für eine größere Verbreitung von Krippen sprechen. Da sich aber nur in den drei größeren, heute kreisfreien Städten Passau[3] (auch als Bischofssitz ein Sonderfall), Landshut[4] und Straubing[5] die Jesuiten niedergelassen hatten, erfolgte eine Krippenhochblüte zunächst nur beschränkt. Außerdem griff später die Säkularisation stark ein und vernichtete, untermauert von den Krippenverboten, wertvolles Krippengut. Da die niederbayerische Bevölkerung im Durchschnitt ärmer war als in anderen Regionen, andererseits aber nur wenige prunkvolle Adelssitze und Klöster existierten, wurden dann im 19. Jahrhundert und später nur wenig repräsentative Krippen angeschafft. Andere weihnachtliche Objekte, wie Fatschenkindl oder Christbäume, verbreiteten sich aber durchaus. Und vor allem seit der Grenzöffnung sind vermehrt böhmische Krippen in Niederbayern zu sehen.

---

2 Haller, Reinhard: Holzkunst im Bayerischen Wald, Grafenau 1993, S. 155
3 Zur Krippengeschichte Passaus vgl. vor allem Passauer Krippenbüchl, Passau 1931; verschiedene frühere Ausgaben Bayerischer Krippenfreund sowie diverse ältere Zeitungsartikel, vor allem von Franz Mader
4 Zur Krippengeschichte Landshuts siehe besonders verschiedene Zeitungsartikel
5 Zur Krippengeschichte Straubings u.a. Karl, Franz: Das fünfte Evangelium, Krippen im Kloster der Karmeliten zu Straubing, Straubinger Hefte Nr. 55, 2005; Karl, Franz: Krippen in der Jesuitenkirche, Straubinger Hefte Nr. 59, 2009; Scharrer, Guido (Hrsg.): Straubinger Krippen, Straubing 2002, sowie diverse Zeitungsartikel

Geschichte der Krippe in Bayern – Niederbayern

Krippe der Asamkirche Rohr, 2. Hälfte 18. Jahrhundert
Ungewöhnlicher Figurenreichtum charakterisiert die verschiedenen Szenen des Weihnachtsfestkreises, wie hier ein Ausschnitt aus der Hochzeit zu Kana.

Von der Barockzeit bis zu den Krippenverboten

Als erste Krippe mit wechselnden Darstellungen gilt in Bayern die Jesuitenkrippe in Altötting: Deren Figuren sind angeblich von einem Landshuter gearbeitet. In der ersten Hälfte des 17. Jahrhunderts tauchen auch weitere Krippen in Niederbayern selbst auf, vor allem in den zwei Haupt- und Regierungsstädten, die von den Wittelsbachern gegründet wurden. Bereits 1638 wird von den Straubinger Jesuiten über eine „Geburtsszene in einer Höhle in Lebensgröße innerhalb eines Stallbaues"[6] berichtet, deren typische, etwa einen Meter hohe Barockfiguren rekonstruiert seit einigen Jahren in sechs Szenen in der Karmelitenkirche wieder zu sehen sind. In Landshut soll um 1650 für den Hochaltar der Jesuitenkirche ein Heiliges Grab mit einer Krippe kombiniert worden sein, die man einige Jahre später wieder verselbständigte und dazu einen neuen Prospekt anfertigte. Rechnungen oder andere Hinweise zu Krippen finden sich zum 17. Jahrhundert auch für Sammarei (1635), Kößlarn (ab 1645), Leiblfing (1674), Alburg (1694), Atting (1694), Otterskirchen (1697) und Deggendorf. Denkbar ist, dass manchmal mit „Krüpl" nur ein Christkind gemeint war. Gelegentlich werden jedoch einzelne Figuren aufgezählt und einheimische oder regionale Handwerker wie Schreiner, Maler, Schneider oder Bildhauer genannt.

Die „Beauftragung wirklicher Künstler mit der Herstellung von Krippen" begann 1707 mit einer neuen Krippe für die Stiftskirche St. Jakob in Straubing, für die eine erhebliche Summe von 623 Gulden ausgegeben wurde: Die größte Summe erhielt der damals schon berühmte Cosmas Damian Asam für seine Malereien, aber auch die Künstler und Bildhauer Franz Mozart und Johann Gottfried Frisch sowie der Maler Johann Holzer waren – neben einigen Handwerkern – beteiligt.[7] Auch an anderen Orten Niederbayerns sind für das 18. Jahrhundert Krippen bezeugt: so beispielsweise in Kößlarn, Karpfham, Ergolding und Altheim, in Neuhaus am Inn, in Passau und Umgebung, in Rottalmünster, in Teisnach und Ergoldsbach sowie in Vilshofen und Landshut. Das ausgehende Rokoko wird „gerade für Landkirchen" als „die Blütezeit der Krippe" angesehen.[8]

Die aufklärerischen Tendenzen stoppten oder veränderten jedoch auch die Entwicklung der Krippen in Niederbayern. So ordnete etwa das Bistum Regensburg bereits 1789 – also im Jahr des Ausbruchs der Französischen Revolution – die „Be-

---

6 Berliner S. 34
7 Berliner S. 94f
8 Mitterwieser (zweite Auflage 1927) S. 13ff; Hinweise auf besondere Krippen finden sich in der älteren Literatur vor allem bei Mitterwieser und Berliner, jüngst auch bei Bogner, Barockkrippen

Geschichte der Krippe in Bayern – Niederbayern

Kirchenkrippe Kößlarn, 2. Hälfte 18. Jahrhundert
Am wertvollsten von den heute noch über 30 gekleideten Gliederfiguren sind die Hirten und Bauern, die auch als Quellen für die Trachtengeschichte des Rottals dienen.

schränkung der Darstellung auf die jeweilige Hauptszene" an. Die meisten der Kirchenkrippen dürften durch die Krippenverbote zerstört worden sein, verfielen in Kellern und Speichern oder wanderten in Privatbesitz: Somit setzte erst jetzt die tatsächliche Verbreitung der Hauskrippen ein, in Niederbayern – im Vergleich zu Oberbayern und Schwaben – wohl aber eher zurückhaltend. Mindestens aber schon drei Jahre vor der Entlassung des grundlegenden Staatsreformers Graf von Montgelas 1817 begann auch der Wiedereinzug der Krippen in die Kirchen. Bekannt wurden Gesuche von Pfarrern aus den Landgerichtsbezirken Pfarrkirchen und Viechtach, ob man die Krippe wieder aufstellen dürfe. Man berief sich dabei auf mehrere andere Beispiele, etwa in Landshut oder Neukirchen beim Hl. Blut. Entrüstet äußerte allerdings die Regierung des Unterdonaukreises in Passau, die Nachsicht müsse eine Grenze finden, „wenn man nicht die Herrschaft der Finsternis und des Aberglaubens zurückführen will"[9].

Bewahren älterer besonderer Krippen bis zur Gegenwart
Eine Synthese von 18. und 19. Jahrhundert bildet heute vor allem eine handvoll hochbedeutender Krippen in Niederbayern, die immer noch vorhanden und zur Weihnachtszeit zu besichtigen sind. Im Einzelnen ist eine genaue Datierung teilweise nicht mehr zu ermitteln, schwierig oder auch umstritten. Der größte Teil der Rohrer Krippe in der berühmten Klosterkirche dürfte wohl auf die Jahre 1760 bis 1780 zurückreichen. Die Weihnachtskrippe der Ursulinen in Landshut wurzelt ebenfalls vor allem in der zweiten Hälfte des 18. Jahrhunderts. Gleiches gilt für die Krippe in der ungewöhnlichen Kirchenburg Kößlarn. In die Zeit um 1800 wird die Krippe in Michaelsbuch bei Plattling datiert. Die Reisingerkrippe in der Jesuitenkirche Straubing besitzt einen barocken Altbestand, meist aber Figuren nach der Mitte des 19. Jahrhunderts. In Rohr, Landshut und Straubing umfassen diese Krippen, die alle in jüngster Zeit restauriert wurden, jeweils etwa 300 Figuren, mit denen mehrere Szenen des Weihnachtsfestkreises dargestellt werden. Die Reisingerkrippe enthält auch Szenen aus dem Alten Testament und der Passionszeit, die Ursulinen in Landshut können sogar zusätzlich eine eigene Passionskrippe mit Figuren überwiegend vor 1790 – wohl aus dem Umfeld der Bildhauerfamilie Jorhan – aufstellen.

Es scheinen nicht viele bedeutende Krippen diese kirchlichen und staatlichen Verbote überlebt zu haben. Aus den letzten zwei Jahrhunderten finden sich in der speziellen Fachliteratur nur wenige Krippen, die neu entstanden sind und besonders bemerkenswert wären. Von einem Landshuter Goldschmied stammt ein krippenförmiges Bethlehem von 1824, das zum Schatz der Stiftskirche in Altötting gehört. Bekannt ist, dass vor allem die Ursulinen in Straubing im 19. Jahrhundert gekleidete Krippenfiguren mit Wachsköpfen fertigten. Das 1899 gegründete Benediktinerinnenkloster Tettenweis stellt heute noch Wachs-Christkindl und Wachsköpfe für Krippenfiguren her. Krippen aus dem 19. Jahrhundert oder um 1900, oft mit Oberammergauer oder Münchner Figuren, finden sich u.a. in Straubing, Dingolfing, Kößlarn, Mallersdorf, Passau, Deggendorf und Vilsbiburg. Besonders für ärmere Regionen, wie den Bayerischen Wald, dürfte gelten: Nur wenige Krippen sind aus Holz geschnitzt, „die meisten bestehen aus Papiermaché, Gips oder aus bedrucktem Karton"[10]. Noch lange nach 1945

---
9 Mitterwieser (zweite Auflage 1927) S. 29
10 Haller, Reinhard: „Kripperlweg" und „Kripperlanschauen", In: Der Bayerwald, 95. Jahrgang, Heft 4 2003, S. 47 für die Gegend um Bodenmais

Geschichte der Krippe in Bayern – Niederbayern

waren bei den „Waldlern" einfache Papierkrippen, die meist aus Böhmen kamen, auf dem Fensterbrett weit verbreitet.

Krippenkünstler und Krippen in Museen

Vor allem drei recht unterschiedliche Krippenkünstler waren Niederbayern oder dort tätig. Der international berühmte Sebastian Osterrieder (1864-1932) stammt aus Abensberg, gestaltete in seinem Münchner Atelier ausdrucksstarke Krippenfiguren, speziell im noch vor kurzem geheimnisumwitterten französischen Hartguss, mit aufkaschierten Gewändern. Osterrieder gilt als „Wiedererwecker der künstlerischen Weihnachtskrippen". Er hatte Kunden aus aller Welt, sogar der deutsche Kaiser Wilhelm II. und Papst Pius X. besaßen eine Osterrieder-Krippe. Heute noch sind diese Krippen in Niederbayern beispielsweise in Landshut, Pfarrkirchen, Abensberg, Siegenburg oder Pattendorf öffentlich zu besichtigen.[11]

Passionskrippe der Landshuter Ursulinen, spätes 18. Jahrhundert
Grazile Figuren, vor 1790 angeblich im Umfeld der Bildhauerfamilie Jorhan entstanden, sind zu einer Simultankrippe (hier ein Ausschnitt) gruppiert.

Barocke Wachsfigürchen, 18. Jahrhundert
Mit einfachen Wachsköpfen, aber in höfischer Kleidung wurden auch in Niederbayern zahlreiche Rokokofigürchen gefertigt, wohl hauptsächlich in Frauenklöstern.

---

11 Vogel, Hermann: Sebastian Osterrieder – der Erneuerer der künstlerischen Weihnachtskrippe. Leben und Werk, Lindenberg 2010; verschiedene Ausgaben Bayerischer Krippenfreund. Zu Osterrieder vgl. in vorliegender Publikation auch S. 14ff

Geschichte der Krippe in Bayern – Niederbayern

Kirchenkrippe in Michaelsbuch, um 1800
Recht eindrucksvoll und volkskundlich aufschlussreich wirken die Figuren, die sich bei der bäuerlichen Bevölkerung an niederbayerischen Trachten orientieren.

„Kripperldoktor" wurde der praktische Arzt Dr. Otto Ellenrieder (1890-1957) in Hauzenberg genannt, der eine spezielle Krippenbewegung einleitete und heute fast vergessen ist. Er propagierte die heimatliche Bayerwaldkrippe mit charakteristischen Figuren und Häusern, entwarf oder baute viele derartige Krippen in der Region.[12]

Als ein „Stück lebendiger Volkskunst" werden die über 1000 Krippenfiguren der Stoffbildhauerin Maria Pscheidl-Krystek (1923-2002) eingeschätzt, die in Regen häufig porträthaft nach lebenden Vorbildern entstanden sind. Hauptsächlich aus Stoff und Schneiderwatte gestaltet, stellen sie typische Waldler, regionale Schriftsteller oder bundesweit bekannte Politiker dar. Die Landschaft wurde aus Materialien des Bayerischen Waldes gefertigt.[13]

Ausschneidebögen für Krippenfiguren sollen im „armen" Niederbayern bis nach dem Zweiten Weltkrieg weit verbreitet gewesen sein. Zur Landestagung 1931 hatte die Passauer Malerin Margret Schneider-Reichel eine farbige Bayerische Wald-Krippe auf einem Bogen gestaltet. Vom bekannten Kunstmaler Josef Fruth (1910-1994) in Fürsteneck wurde 1968 (oder früher) – erweitert 1986 – eine heimatliche, mehrbogige Ausschneidekrippe (zuletzt mit Krippenspiel) gedruckt. Ebenfalls aus dem Passauer Raum wurden etliche literarische Texte zum Thema Krippe publiziert, speziell von Hans Carossa (1878-

---

12 Niederbayerische Heimatglocken (Beilage der Donau-Zeitung), Nr. 39 vom 29.11.1929, S. 174ff; Die ostbairischen Grenzmarken, Heft 12, 1930, S. 271f; Passauer Krippenbüchl, Passau 1931; verschiedene Ausgaben Bayerischer Krippenfreund; eigener Akt der Gemeinde Tiefenbach; erwähnt sogar bei Berliner S. 271
13 vgl. u.a. Häusler, Heinz: Das waldlerische Krippenwunder. Pscheidl-Krippe in Regen, Grafenau o.J. [1998]

Geschichte der Krippe in Bayern – Niederbayern

1956) und Max Peinkofer (1891-1963).

Auch in Niederbayern besitzen nicht wenige Museen ältere oder neuere Krippen, die teilweise ganzjährig oder nur zur Weihnachtszeit zu sehen sind. Dazu gehören Abensberg, Bischofsmais, Bogen, Deggendorf, Dingolfing, Kößlarn, Mitterfels, Passau, Regen, Simbach am Inn, Straubing und Tiefenbach.

Entwicklung und Engagement der Krippenvereine

Mehrere niederbayerische Ortsgruppen – heute nur noch Straubing – gehörten dem Bayerischen Krippenverband an. Schon zwei Jahre nach der Verbandsgründung 1917 in Günzburg bildete sich in Niederbayern der erste Krippenverein in Deggendorf. Noch zehn Jahre später wurde vielfach darüber

Reisinger-Krippe, Straubing 18. und 19. Jahrhundert
Die Jahreskrippe der Marianischen Männerkongregation präsentiert sich in 18 Szenen, auch zur Passion und zum Alten Testament.

Geschichte der Krippe in Bayern – Niederbayern

Krippenstube der Straubinger Karmeliten, 18. bis 20. Jahrhundert
Über 300 Figuren aus mehreren Jahrhunderten umfasst die Jahreskrippe, die noch durch eine große mechanische Krippe ergänzt wird.

gespöttelt, „denn niemand konnte sich so recht vorstellen, was eine Krippenausstellung ist". Eindeutig hieß es im „Krippenfreund": „Niederbayern ist im wesentlichen vollständig Neuland für die Krippe."¹⁴ Man konnte bei der Ausstellung u.a. jedoch „wahre Prachtwerke aus dem 17. Jahrhundert bewundern". Und sogar Ihre Königliche Hoheit Prinzessin Gundelinde Gräfin Preysing auf Moos trat dem Deggendorfer Verein bei. 1928 fand die Mitgliederversammlung des „Vereins deutscher Krippenfreunde e.V." bereits in Deggendorf statt und dauerte drei Tage. Vorsitzender Prälat Dr. Hartig würdigte zu einer lokalen Ausstellung das „Krippengut, das noch auf die Glanzzeit der Krippe, das 18. und zum Teil noch das ausgehende 17. Jahrhundert"¹⁵ zurückreiche. Der Deggendorfer Verein existierte bis 1951 und lebte von 1957 bis 1964 wieder auf. In Landshut wirkte von 1923 bis 1931 und dann nochmals von 1935 bis 1938 ein Krippenverein, ein weiterer in Vilsbiburg von 1923 bis 1930. Von 1927 bis 1934 fand sich außerdem ein Krippenverein in Passau zusammen, der

Fatschenkindl, Bayerischer Wald 19. Jahrhundert
Weit verbreitet – als Vorläufer oder Ersatz für Krippen – waren kleinere Fatschenkindl aus eher einfachen Materialien, die man sich in der von Armut geprägten Waldgegend gerade noch leisten konnte.

auch 1931 die Mitgliederversammlung des Verbands organisierte. Hervorgehoben wurde dabei: „Reiche Krippenschätze gab es einst in dem weiten Bistum Passau"¹⁶, zu dem früher Oberösterreich gehörte. Auch die Krippenkunst der Gegenwart werde (damals) im Passauer Bereich lebhaft gepflegt.

Neu gründete sich nach dem Zweiten Weltkrieg ein Krippenverein 1951 in Eggenfelden, der nur bis 1954 bestand. Besonders bemerkenswert erscheint der Krippenverein in Wallersdorf, erst 1953 zum Markt erhoben. Schon ab 1949 hatte man jährlich eine Krippenausstellung abgehalten, 1951 beschenkte man alle Kranken der Pfarrei mit selbstgebastelten Krippen der Jugend, und die Ausstellung soll von 17 000 Schulkindern aus der ganzen Umgebung besucht worden sein. 1953 wurde dann ein eigener Verein gebildet. Damals kamen sogar berühmte Krippenbauer wie Wilhelm Döderlein, Theodor Gämmerler und Benefiziat Hans Schäfer ins kleine Wallers-

Kloster- und Jahreskrippe Mallersdorf, um 1900
Seit vielen Jahrzehnten bauen die Armen Franziskanerinnen, die über 200 recht unterschiedliche und meist etwa 100 Jahre alte Figuren (27 bis 42 cm hoch) besitzen, zahlreiche Darstellungen aus dem Neuen und Alten Testament auf.

---

14 Bayerischer Krippenfreund März/April 1928, Nr. 56 S. 30
15 Bayerischer Krippenfreund Januar/Februar 1929, Nr. 61 S. 4
16 Bayerischer Krippenfreund Januar/März 1932, Nr. 79 S. 3

Geschichte der Krippe in Bayern – Niederbayern

dorf. Auf mehreren Ausstellungen waren Szenen aus den bekanntesten Krippen Niederbayerns aufgebaut, so dass man sich zu „einer kleinen Berühmtheit" – die bis 1974 dauerte – entwickelte und stolz verkündete: „... zum mindestens erwirbt sich der Markt das Anrecht, Zentrale der niederbayerischen Krippenfreunde zu werden. Wo bleiben da die großen Städte wie Deggendorf, Straubing, Passau und Landshut?"[17]

Es dauerte lange, bis sich 1997 in Straubing ein Krippenverein – eine Untergruppe des bayerischen Waldvereins – gründete, momentan die einzigen Krippenfreunde Niederbayerns, die dem Verband der Bayerischen Krippenfreunde angeschlossen sind. Heute darf sich Straubing zu Recht die „Krippenstadt Niederbayerns" nennen, die Krippen aus fünf Jahrhunderten – darunter vier Jahreskrippen und einen Krippenaltar – besitzt. Natürlich besteht auch wohl ein gutes Dutzend loser Krippenvereine (manchmal eher mit dem Charakter eines Fördervereins), beispielsweise in Abensberg, Bischofsmais, Bodenmais, Deggendorf, Landshut, Schaibing oder Tittling.

Pscheidl-Krippe in Regen, 2. Hälfte 20. Jahrhundert
Eine besonders originale Privatkrippe gestaltete die Kunsthandwerkerin Maria Pscheidl-Krystek, deren Stofffiguren häufig individuelle Gesichter von Einheimischen oder Prominenten aus Bayern und darüber hinaus charakterisieren.

Jahreskrippe in Leiblfing, 2004 bis 2007
Als Einheit von Figuren (Ton, kaschiert, aus Sizilien), Architektur, Landschaft und Hintergrund wirkt jede der 14 orientalischen Szenen (hier die Hochzeit von Kana), die jeweils als selbständiges Ganzes sorgfältig geplant und gefertigt wurden.

---

17 Bayerischer Krippenfreund März 1956, Nr. 135, S. 18

Jahreskrippe, Abensberg 2009
Schon vor über 60 Jahren wurde die alte Weihnachtskrippe zu einer Jahreskrippe ausgebaut, deren Szenen heute häufig mit neuen gekleideten Tonfiguren von Thomas Huber (Regensburg) inszeniert werden.

Wiederbelebung der Krippenfreude

Die Renaissance der Krippenbewegung – leider auch teilweise mit Kommerz verbunden – zeigt sich in Niederbayern besonders auf dreierlei Weise. Neue Haus- und Kirchenkrippen werden vermehrt gekauft und auch selbst gebaut, zahlreiche Krippenausstellungen werden in größeren oder kleinen Orten veranstaltet, vielgestaltige Krippenwege durch die Ortszentren werden zum „Krippenlaufen und Krippenschauen" angeboten: zuerst in Straubing (2010 zum 15. Mal), später in Bodenmais, Deggendorf, Landshut und Passau.

Bemerkenswert erscheint die Vielzahl von Jahreskrippen: Bekannte Orte sind Abensberg, Kollnburg, Passau (zwei), Straubing (vier), Tittling und Vilsbiburg. Erst in den letzten Jahren entstand in Leiblfing eine große Jahreskrippe mit 13 eigenständigen, vielteiligen Szenen mit Tripi-Figuren.

Und außerdem hat sich im „stilleren Niederbayern" „die aufblühende Krippenliebe der letzten Jahre insbesondere um die Rettung historischer Krippenschätze bemüht und dabei [...] Großartiges hervorgebracht"[18].

---

18 Bogner, Neues Krippenlexikon, S. 438

Geschichte der Krippe in Bayern – Oberpfalz

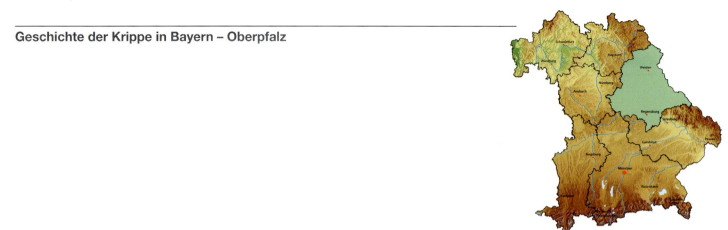

Oberpfalz

Amberg	9
Cham	5
Furth im Wald	4
Freystadt	7
Neustadt an der Waldnaab	12
Plößberg	3
Regensburg	6
Schwandorf	8
Schwarzenfeld	10
Tirschenreuth	2
Waldsassen	1
Weiden	11

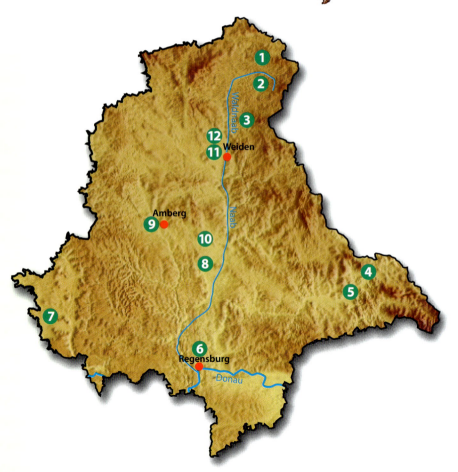

Johannes Buhl
Krippe in der Oberpfalz

Geographische und geschichtliche Voraussetzungen
Geschichtlich und kulturell stellt die Oberpfalz keine einheitlich geprägte Landschaft dar, ist jedoch der altbayerischen verwandt. Das im Süden durch die Donau begrenzte Gebiet stößt im Norden an das Fichtelgebirge, im Osten an den Bayerischen Wald und den Böhmerwald und im Westen an Mittel- und Oberfranken. Die am Südufer der Donau gelegene ehemalige Freie Reichsstadt Regensburg wurde erst 1810 dem Königreich Bayern einverleibt und später Regierungssitz des Regenkreises. König Ludwig I. gab diesem Kreis 1837 die Bezeichnung Oberpfalz, in Anspielung an die von 1329 bis 1621 währende Zugehörigkeit der nördlichen Bezirksämter (Landkreise) des Regierungsbezirkes zur Kurpfalz. Ein annähernd gleich großes Gebiet gehörte bis 1806 zur Pfalzgrafschaft Neuburg, der „Jungen Pfalz". Es ist letztlich aber der pfälzischen Politik zu keinem Zeitpunkt gelungen, ein wirklich arrondiertes, geschlossenes Territorium im Sinne eines neuzeitlichen Flächenstaates auszubilden.[1]

Im Zuge der Glaubensspaltung im 16. Jahrhundert kam es in den verschiedenen kleinräumigen Herrschaftsgebieten teilweise mehrfach zu Konfessionswechseln[2]. Die großteils einheitliche Zugehörigkeit der Oberpfalz zum Bistum Regensburg betrifft auch das im Fichtelgebirge gelegene Dekanat Wunsiedel, das verwaltungsrechtlich zum Regierungsbezirk Oberfranken gehört, in diese Darstellung aber einbezogen wurde.

Eine besondere Stellung nahm die freie Reichsstadt Regensburg ein, die 1543 die neue Lehre in lutherischer Version annahm; bis zur landesherrlichen Übernahme durch den Fürstprimas Freiherrn von Dalberg konnte Bürgerrecht, und daran

Figuren der Spitalkirche Cham, 18. bis 20. Jahrhundert
Zurückreichend bis auf die Gegenreformation haben sich die Figuren, die von 1997 bis 2001 restauriert wurden, aus mehreren Jahrhunderten angesammelt.

geknüpft Grundbesitz, in Regensburg nur von Evangelischen Christen beansprucht werden. Diese bildeten die gesellschaftliche Führungsschicht bis zum Ende des Alten Reiches 1806. Das Stadtgebiet war jedoch durchsetzt von den reichsunmittelbaren Stiften und weiteren Ordensniederlassungen, unter denen seit 1591 die Gesellschaft Jesu besonders hervorzuheben ist.

Somit dürfte einleuchten, wenn von einem einheitlichen Typus einer oberpfälzer Krippe[3] nicht gesprochen werden kann.

---

1 Zur recht komplizierten territorialen Entwicklung der Oberpfalz vgl. u.a.: Kohnle, Armin: Kleine Geschichte der Kurpfalz, Karlsruhe zweite Auflage 2006; Schaab, Meinhard: Geschichte der Kurpfalz, Band 1 und Band 2, Stuttgart 1988 bzw. 1992; Schaab, Meinhard: Territorialstaat und Calvinismus, Stuttgart 1993; Spindler, Max (Hrsg.): Bayerischer Geschichtsatlas, München 1993; Volkert, Wilhelm: Pfälzische Zersplitterung. In: Handbuch der Bayerischen Geschichte. Band III.3: Geschichte der Oberpfalz und des Bayerischen Reichskreises bis zum Ausgang des 18. Jahrhunderts. Hrsg. Andreas Kraus, München 1953, S. 72ff.

2 Als Beispiele seien nur erwähnt: Die Obere Pfalz wurde definitiv unter Kurfürst Ottheinrich lutherisch; der Hauptort Amberg hatte allerdings schon Jahre zuvor bei Martin Luther um einen Prediger der Neuen Lehre nachgesucht. Unter Kurfürst Friedrich III. (1559-1576) wurde der Heidelberger Katechismus, ein modifiziert calvinisches Bekenntnis eingeführt. Friedrichs Sohn Ludwig VI., zu Lebzeiten seines Vaters Statthalter in Amberg, kehrte zum Luthertum zurück, starb aber früh. Seine Nachkommen wurden durch ihren Vormund Pfalzgraf Johann Kasimir im Geist des reformierten Protestantismus erzogen.

3 Vgl. allgemein auch Bogner, Gerhard: Krippen in der Oberpfalz, Regensburg, 2001; Eichenseer, Erika und Adolf: Oberpfälzer Weihnacht, Regensburg 1978; verschiedene Ausgaben Bayerischer Krippenfreund

Geschichte der Krippe in Bayern – Oberpfalz

Krippe Kreuzberg-Kirche, Schwandorf um 1800
Als „Heiliges Theater" erscheint die Krippe besonders dann, wenn sie mit Barockfiguren – wie hier die Versuchung Jesu – bühnenartig aufgebaut wird.

Vorläufer

Noch bevor es zum konfessionellen Bruch kam, haben sich die Grundanlagen der künftigen „Krippe"[4] im Land, wie auch anderenorts, bereits abgezeichnet. Da ist die Verselbständigung figürlichen Schaffens in der Spätgotik[5], anschaulich nachvollziehbar an den halblebensgroßen Figuren einer Dreikönigsanbetung, die aus dem Altarschrein herausgenommen werden können, in der Kirche von Kneiting bei Regensburg[6]. Zum anderen existiert der von 1613 aus der – zur Alten Kapelle in Regensburg gehörenden – Pfarrei Teugn bezeugte Brauch, dass Kinder „um das Krippelein vor dem Altar" tanzten[7]. Wenig später wurde die Gesellschaft Jesu[8] in ihrem Seelsorgskonzept zur wohl konsequentesten Förderin der Weihnachtskrippe. Die früheste Regensburger Nennung einer figuralen Schöpfung als Krippe im engeren Wortsinn ist erst für das Jahr 1651 gesichert: die Anschaffung einer Verkündigungsgruppe in der Jesuitenkirche von St. Paul, wo in der Adventszeit ein Altarblatt herausgenommen und die Szene der Verkündigung von Gabriel an Maria aufgestellt wurde.[9] Dieser Brauch von St. Paul wurde in der benachbarten Reichsabtei St. Emmeram lange über den Untergang der Jesuitenniederlassung hinaus fortgesetzt. Der Bildhauer Simon Sorg (1708-1792) hat in der zweiten Hälfte des 18. Jahrhunderts eine etwa 80 cm große, geschnitzte Figurengruppe zum gleichen Thema geschaffen. Die Sorg'schen Figuren werden in der zur Pfarrkirche gewordenen Klosterkirche der Fürstabtei St. Emmeram noch aufgestellt. Man hat mit Sorg einen Bildhauer hoch eingeschätzter Qualität ausgewählt, was sich auch an der Beauftragung mit zwei bedeutenden Grabmalen in der Reichsabtei ablesen lässt. Das Beispiel darf aber nicht darüber hinwegtäuschen, dass eine ausgeprägte Krippentradition im reichsstädtischen Regensburg[10] nicht nachweisbar ist.

Frühe Krippen

Eine konsequent ausgearbeitete, mehrszenische Jesuitenkrippe ist hingegen in Amberg, St. Georg (hierdurch indirekt beeinflusst ist die Krippe auf dem dortigen Maria-Hilf-Berg), anzutreffen und quellenmäßig gut belegt. Der Jesuitenorden, von Kurfürst Maximilian zur Gegenreformation in den gewonnenen

---

4 Als das Standardwerk zur Krippengeschichte gilt: Berliner, Rudolf: Die Weihnachtskrippe, München 1955
5 Schindler, Herbert: Der Schnitzaltar – Meisterwerke und Meister in Süddeutschland, Österreich und Südtirol, Regensburg 1978
6 Vgl. Kunstdenkmäler Bayerns. Bezirksamt Stadtamhof, München 1914, S. 114
7 Döderlein, Wilhelm: Alte Krippen, München 1960, S. 9
8 Zu den Jesuiten sei hier nur verwiesen auf: Baumstark, Reinhold (Hrsg.): Rom in Bayern – Kunst und Spiritualität der ersten Jesuiten, München 1997
9 Berliner, Weihnachtskrippe, S. 35
10 Zur Krippengeschichte Regensburgs siehe vor allem: Buhl, Hans und Johannes sr.: Die Große Krippe von St. Emmeram, Regensburg 1997; Krippenverein Regensburg e.V. (Hrsg.): 80 Jahre Krippenverein Regensburg, Regensburg 2002; Regensburger Anzeiger, Ausgaben Dezember 1911 mit Februar 1912 (Tageszeitung)

Krippe in St. Emmeram, Regensburg um 1800
Die wohl bedeutendste Krippe der ostbayerischen Metropole umfasst etwa 140 Figuren von sehr unterschiedlicher Herkunft, einige noch aus dem Barock.

evangelisch-reformierten Gebieten in besonderem Maße angesetzt, bediente sich der bereits voll entwickelten Palette zur Veranschaulichung des Heilsgeschehens in der Krippe. Die enge Verbindung zum Schauspiel ist vielfach behandelt. Bezeichnend ist, dass in Amberg im Jahr 1621 ein Krippenspiel existierte, von dem vermerkt wurde: „Actores erant plurinarum partem pueri haeretici"; zum Großteil waren also die Spieler „haeretische", das heißt nicht-katholische Knaben. Für das Jahr 1686 sind Bauzeichnungen der Krippenkulisse erhalten geblieben, die eine enge Verwandtschaft zum Barocktheater mit seiner schematischen Aufstellungspraxis belegen.

Dass eine Vorreiterrolle der Gesellschaft Jesu in Fragen der Krippenpflege bestanden hat, ist unzweifelhaft. Die Krippentradition anderer Ordensgemeinschaften dürfte im Vergleich zu anderen Regionen Bayerns allein schon deshalb geringer einzuschätzen sein, als erst ab 1622 im Zuge der maximilianischen Rekatholisierung wieder Klostergründungen erfolgten. Soweit erhalten und noch bekannt, handelt es sich bei diesen Klosterkrippen um durchweg typische Barockkrippen ohne spezifisches Lokalkolorit, also etwa 30 bis 50 cm große Gliederfiguren, oftmals nicht mehr original gekleidet. Genannt sei die Krippe von Neustadt an der Waldnaab (im Heimatmu-

Geschichte der Krippe in Bayern – Oberpfalz

Krippe der Mariahilfbergkirche Amberg, 2. Hälfte 19. Jahrhundert
Kindliche Fabulierlust spricht aus dieser Krippe, die untrennbar mit dem Namen ihres ursprünglichen Betreuers, des Franziskanerfraters Vinzenz Hafner, verbunden ist.

seum), von Schwarzenfeld sowie vom Maria-Hilf-Berg in Amberg[11].

Mit dem Wirken der Jesuiten bei der Gegenreformation kam die Krippe auch in die Region um Cham. Eindeutige Hinweise auf eine Krippe in der Pfarrei St. Jakob geben Belege der Jahre 1642, 1673 sowie 1752 und 1857. Teile dieser Krippe gelangten per Umweg über die alte Marienwallfahrtsstätte „Heilbrünnl" in die Rodinger Stadtpfarrkirche St. Pankrazius. Ob die entsprechend datierten alten Figuren im buntgemischten Fundus der Krippe in der Chamer Spitalkirche aus Restteilen der Jakobskrippe besteht, kann archivalisch jedoch nicht belegt werden.[12]

Die Geschichte solcher Krippen während und nach der Säkularisation (1802) mutet zuweilen abenteuerlich an. So wurde Ende der vierziger Jahre des vergangenen Jahrhunderts auf einem Dachboden des ehemaligen Augustiner-Chorherrenstiftes von Rohr in Niederbayern eine figurenreiche Krippe nach Art der eben geschilderten Klosterkrippen entdeckt. Deren Figuren stammen zu etwa zwei Dritteln nicht aus Rohr, sondern wurden um 1820-30 in Stadtamhof (heute Regensburg, damals aber im Gegensatz zu Regensburg ein eigenes Bezirksamt des Regenkreises und katholisch) gekauft – wohl Strandgut einer ehemaligen Klosterausstattung.[13] Es besteht heute noch die Klosterkrippe vom Maria-Hilf-Berg in Schwandorf.

Stiftlandkrippen

Wer Oberpfälzer Krippen erwähnt, darf die Krippen des Stiftlandes, und hier wieder besonders die von Tirschenreuth[14]

---
11 Vgl. Krippenfreunde Amberg (Hrsg.): Amberger Kirchenkrippen, Amberg 1994
12 Die Hinweise zum Chamer Raum stammen von Johann Dendorfer (Furth im Wald).
13 Nach Hinweisen von Christine und Raimund Pöllmann (Schwandorf); vgl. auch Neuhausen, Franz: Die Rohrer Barockkrippe, Rohr 2004
14 Vgl. auch Gleissner, Max: Das Tirschenreuther Krippenbuch, Tirschenreuth 1987

Geschichte der Krippe in Bayern – Oberpfalz

Plößberger Krippen, 19. und 20. Jahrhundert
Mit den fast ausschließlich von Laien geschnitzten farbenfrohen Figuren entwickelte sich eine eigenständige Krippentradition, die besonders vom Böhmischen beeinflusst ist.

und dem benachbarten Plößberg[15], nicht übersehen. Das Stiftland, bis zur Säkularisation zum Zisterzienserstift Waldsassen[16] gehörig, stellt innerhalb der Oberpfalz eine Landschaft partiell eigener Tradition dar. In Tirschenreuth und Plößberg ist eine Situation anzutreffen, die stark an Krippendörfer in Tirol und in der Steiermark, aber auch in Mittelschwaben erinnert. Bei aller stilistischen Verschiedenheit (die Tirschenreuther Krippen sind „feiner" geschnitzt und lehnten sich bis in die jüngste Vergangenheit stärker an das Biedermeier an, die Plößberger Figuren sind bis heute wesentlich von Laienschnitzern geschaffen) liegen in beiden Fällen charakteristische Volkskrippen der Nachaufklärung vor, die ihre Entstehungsgründe wohl im Untergang der alten Klosterkultur haben. Hierin und in vielen Parallelen gleichen sie den Krippen der ge-

15 Vgl. auch Bogner, Gerhard: Das Plößberger Krippenparadies, Dachau 2001
16 Stadt Waldsassen (Hrsg.): Krippen und weihnachtliche Volkskunst als Sonderausstellung des Stiftlandmuseums Waldsassen (Führer durch die Ausstellung), Waldsassen 1986

Geschichte der Krippe in Bayern – Oberpfalz

Tirschenreuther Volkskrippe, 19. und 20. Jahrhundert
Die meist relativ fein geschnitzten Figurengruppen, sogenannte „Stückl", bei denen heute oft noch der Einfluss des Biedermeier sichtbar ist, entstanden im bürgerlichen Milieu.

nannten österreichischen Landschaften: Kleinformatig (ca. 7 – 10 cm), farbenfroh gefasst, vielfigurig zeigen sie das Leben einer inzwischen untergegangenen Zeit mit Berufstypen (Handwerker, Musikkapellen, landwirtschaftliches und jägerisches Leben) in nicht erlahmender Kreativität. Hingewiesen sei auf die extrem großen Raum beanspruchende Aufstellungspraxis auf Steilbergen mit vorherrschend natürlichem Material (Moos, Wurzeln, Baumschwämme).

Auch die Konzeption des Krippenberges zeigt zahlreiche überregionale Parallelen. So ist die unterste Ebene dem biblischen Geschehen der Heiligen Nacht und der Epiphanie gewidmet, vergleichbar der Tiroler „heiligen Straß'" und – wie diese – zum Beschauer hin durch einen Zaun als heiliger Bezirk abgegrenzt. Die darüber liegenden Volksszenen kennen Typisierungen (z.B. den „Geißmelker") und fantasievolle Stadt- bzw. Tempelarchitekturen, die oft stark den Städten auf böhmischen Krippenbergen ähneln.

Durch diese Anlage ist Raum geschaffen für Wechsel- und Simultanszenen. Es gibt berittene Dreikönige, die an Silvester die Stadt am Berge, jetzt als Jerusalem zu interpretieren, verlassen und Tag um Tag näher zur Krippe reiten. Dort am Dreikönigstag angekommen, werden sie von den Reittieren abgenommen, um knapp 45 Grad nach vorne gekippt und knien nun vor der Krippe (sofern der Hausherr sich nicht für die Anbetungsszene eine eigene Garnitur geschaffen hat). Bei den Simultanszenen ist besonders das Gespräch von Jesus mit der Frau am Jakobsbrunnen zu erwähnen, ein Evangelientext, der vor der Liturgiereform nicht in Sonntagsevangelien vorgetragen wurde, in der Krippe aber (nicht nur in der Oberpfalz) einen festen Platz hat.

Plößberg ist ein konfessionell gemischter Ort. Es gibt aber keine Anhaltspunkte für eine konfessionell begründete Ab- oder gar Ausgrenzung der Krippentradition. Die Schnitzkunst wird bis heute gepflegt, sowohl von Laienschnitzern wie handwerklich-künstlerisch Ausgebildeten. Nicht weit nördlich dieser Gegend verläuft eine Materialgrenze. Während das Stiftland überwiegend Holz als Figurenmaterial verwendet, setzt sich nach Norden in Richtung der ehemaligen Zentren der Porzellanindustrie wie Selb und Marktredwitz[17] keramisches Material durch[18]. Hier sei besonders verwiesen auf die Pflege der Krippentradition im oberfränkischen Marktredwitz (Marktredwitzer Krippenweg).

Krippentradition versus Krippenvereine

Die bodenständigen Krippentraditionen, wie sie gerade exemplarisch vorgestellt wurden, hatten bis vor etwa 40 Jahren einen sich scharf artikulierenden Gegner ausgerechnet im Bayerischen Krippenverein (heute Verband), der sich seit 1922 auch in der Oberpfalz etablierte. Das Anliegen in den „Ortsgruppen" jener Gründerzeit, in Amberg und Regensburg, war klar. Man wollte die Krippe retten: einerseits vor drohendem Untergang, aber auch vor Verkitschung, Säkularisierung, „Entwürdigung". Orientierung gab weithin die Schmederer-Sammlung im Bayerischen Nationalmuseum. Besonders in Amberg,

---

17 Bayerl, Gerhard/Schultes, Manfred: Marktredwitzer Krippenweg, Marktredwitz 1998
18 Krauß, Annemarie: Tonkrippen aus der nördlichen Oberpfalz und aus Oberfranken, Weiden 1995

Geschichte der Krippe in Bayern – Oberpfalz

Wanderkrippe als Musterkoffer, um 1920
Hausierer boten im Stiftland neben allerlei Krimskrams auch Krippenfiguren an, die aus dem Erzgebirge oder dem Grulicher Ländchen stammten.

dem Wohnsitz des langjährigen Schriftleiters Rudolf Hertinger, wurde bis weit in die 60er Jahre ein bodenständiges Krippenverständnis nicht akzeptiert, ja sogar verurteilt.

Dies soll die Bedeutung der Vereine für die Erhaltung der Krippentradition in der Oberpfalz nicht schmälern. Es gelang dadurch vor allem, in der Führung der katholischen, aber auch der evangelischen Kirche aufrichtige Freunde zu gewinnen, die zum Überleben der Krippenkultur, selbst in schwierigen Zeiten, viel beitrugen. Der aus Amberg stammende Regensburger Weihbischof Karl Flügel sei als beredtes Beispiel genannt. Dennoch bestand in den späteren siebziger Jahren die Gefahr, dass die Dynamik des bodenständigen Krippenschaffens an den Krippenvereinen vorbeizugehen drohte und die Krippe ein, dann allerdings nachgeordneter Bestandteil der Heimat- und Brauchtumspflege geworden wäre. Es war kein leichter Weg zueinander.

Weiterführende Impulse der Krippenvereine

Für die Gegenwart haben die Krippenvereine besonders in den Ballungsräumen, etwa in Regensburg, eine wichtige Funktion: Sie können durchaus als Impulsgeber für weiterführende Entwicklungen gesehen werden. Neben der Breitenwirkung in den Städten durch Krippenbaukurse und Ausstellungen/Krippenwege haben sie sich in einem zuweilen schmerzlichen Reflektionsprozess auch zeitgenössischen Stilformen geöffnet. Besonders erwähnt sei der inzwischen verstorbene Regensburger

Geschichte der Krippe in Bayern – Oberpfalz

Regensburger Motivkrippe, um 1937
Bekannte Stadtmotive, wie hier eine „Hirten- und Engelsanbetung" in der Vorhalle von St. Emmeram, werden von einheimischen Krippenfreunden gerne als Krippenarchitektur ausgewählt.

Künstler Walter Zacharias. Er entstammt einer angesehenen Künstlerfamilie, zeichnete sich aus als Maler und Schöpfer von Kollagen im Abstrakten. Zacharias griff Döderleins These von der Krippe als Theater konkret und neu auf. Wie im Schauspiel müssen dabei die Akteure einen gewissen Verismus aufweisen; für ihn bedeutete dies die Nutzung erlesenen, „historischen" (barocken) Figurenmaterials. Diese „Spieler" wurden nun hineingetaucht in eine fantastisch farbenfrohe Szene von unterschiedlich großen Würfeln oder Kuben auf der nach den stilistischen Vorstellungen der Gegenwart geschaffenen Bühne. Zacharias trat mit dieser Idee erstmals bei einer Regensburger Krippenausstellung 1960 hervor. Gleichzeitig mit ihm hatte der Regensburger Andreas Reindl, ursprünglich ein Meister veristischer Heimatkrippen, sich der Moderne zugewandt. Mit verschiedensten Materialien probierte er in seiner nie erlahmenden Kreativität vielfältigste Ideen aus. Reindl

Geschichte der Krippe in Bayern – Oberpfalz

Jahreskrippe der Regensburger Karmelitenkirche, ab 1975
Nach Art der neapolitanischen Figuren gestalteten Christine und Raimund Pöllmann mehr als 150 Figuren (Höhe 30 – 35 cm) und erstellten dazu Architekturen in spezieller Kartonbauweise.

war noch dazu ein Meister der Kleinkunst. Ihm, dem in den frühen Zeiten oft nicht Verstandenen, stand treu zur Seite Josef Hartmann, der mit streng mathematisch-geometrischen Entwürfen unter der kritischen Beobachtung seiner Frau, Reindls Erbe aufrechterhielt. Andere gesellten sich hinzu.

Ihnen allen, ob an weit zurückreichende, oft fast nicht mehr zu entziffernde Wurzeln anknüpfend, ob eingebunden in die familiären Krippentraditionen, ob im Ringen mit den Ideen der Gegenwart wie der Zukunft, ist es zu verdanken, dass die Krippe in der Oberpfalz lebt.

Geschichte der Krippe in Bayern – Oberpfalz

Mechanische Hauskrippe, Niederachdorf 2. Hälfte 20. Jahrhundert
Von der Jugend bis ins hohe Alter schnitzte und tüftelte der Landwirt Emmeram Rath (1914-2002) vor allem an seiner großen Hauskrippe, bei der ab den 60er Jahren immer mehr Figuren durch Elektromotoren unterschiedlichster Haushaltsgeräte bewegt wurden.

Geschichte der Krippe in Bayern – Oberpfalz

 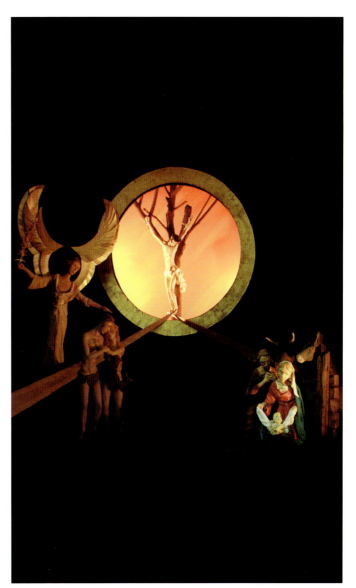

Moderne Krippe, Regensburg 2009
Unter dem Titel „Vom Elend der Sünde, von der Erlösung und Dankbarkeit" wird gleichsam entmaterialisiert und doch anschaulich in verschiedenen Szenen die Weihnachtsgeschichte erzählt, ein Beispiel von Johannes Buhl sen. (Regensburg) für eine zeitgenössische Krippe.

Moderne Krippe, Regensburg 2009
Unter dem Titel „Die Erlösung" werden von Thomas Huber (Regensburg), verzichtend auf eine liebliche Idylle, mit knappsten künstlerischen Mitteln die Grundaussagen der christlichen Theologie auf den Punkt gebracht.

Geschichte der Krippe in Bayern – Schwaben

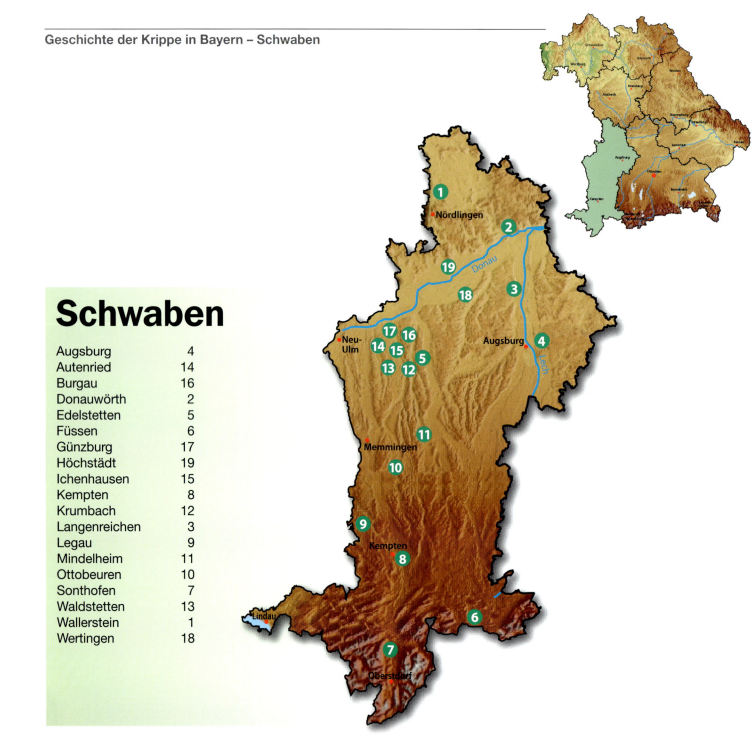

Schwaben

Augsburg	4
Autenried	14
Burgau	16
Donauwörth	2
Edelstetten	5
Füssen	6
Günzburg	17
Höchstädt	19
Ichenhausen	15
Kempten	8
Krumbach	12
Langenreichen	3
Legau	9
Mindelheim	11
Ottobeuren	10
Sonthofen	7
Waldstetten	13
Wallerstein	1
Wertingen	18

Peter Riolini
Krippe in Schwaben

Historisch-politische Gegebenheiten
Der bayerische Regierungsbezirk Schwaben ist aus einem territorialen Patchwork hervorgegangen, das sich westwärts weit über die Iller hinweg in das heutige Baden-Württemberg hinein erstreckte. Seine wichtigsten Bestandteile waren einige Freie Reichsstädte, allen voran Augsburg, eine große Zahl von geistlichen Herrschaftsgebieten und die ausgedehnten vorderösterreichischen Besitzungen. Das hat zur Folge, dass sich die Erscheinungsbilder der Krippe diesseits der Iller, also im bayerischen Bereich, und jenseits ähneln, drüben jedoch aufgrund des dominanteren Protestantismus nur stellenweise oder beziehungsweise in ausgedünnter Form zur Geltung kommen.[1]

Krippenautomaten aus Augsburg
Hinweise auf ständige oder festzeitlich in Szene gesetzte Rekonstruktionen der Geburtsnacht Christi aus der Zeit vor 1600 oder gar entsprechende Objekte sind in Schwaben kaum zu finden. Das von dem Uhrmacher Hans Schlottheim in Augsburg vermutlich 1586 für den sächsischen Hof hergestellte, im 2. Weltkrieg zerstörte komplizierte Automatenwerk[2], das eine bewegliche Geburt Christi mit Vorbeizug der Hirten und Drei Könige aufwies, oder eine verschollene, vier Meter hohe Automatenuhr der astronomischen Uhrmacher Jörg Roll und Hans Reinold, in der die gesamte Weihnachtsgeschichte automatisiert wiedergegeben wurde, bilden einige der wenigen Ausnahmen und sind auch wohl eher den mechanischen Instrumenten zuzuordnen.

Ein wertvolles Dokument zur Entstehung einer fürstlichen Krippe
Augsburg, die Stadt der Mechaniker und Kunsthandwerker, war aber in einem anderen und wohl entscheidenden Punkt ein Wegbereiter der Krippe. Als nämlich die wittelsbachische Erzherzogin Maria von Steiermark 1577 ihren Bruder, Herzog

Krippenautomat von Hans Schlottheim, Augsburg 1588
Der komplizierte Apparat, für den sächsischen Hof angefertigt und im Zweiten Weltkrieg zerstört, ließ u.a. Schafe, Hirten und den Dreikönigszug an der Heiligen Familie vorbeidefilieren.

---
1 Gerade Oberschwaben war – und ist es immer noch – eine sehr krippenfreudige Landschaft.
2 Engelmann, Max: Eine automatische Weihnachtskrippe aus dem 16. Jahrhundert. In: Die Weihnachtskrippe Nr.3/1927, S. 15

Geschichte der Krippe in Bayern – Schwaben

Silbernes „Bethlehem" von Abraham Lotter, Augsburg um 1610
Solche kleinen, kostbar gearbeiteten Nachbildungen der Geburtsszene wurden zu Weihnachten auf den Altar gestellt oder bildeten selbst den zentralen Teil eines Hausaltärchens.

Wilhelm V., in München – zusätzlich zu offenbar bereits gelieferten und anscheinend vollplastisch geschnitzten Engelsfiguren – um gekleidete, puppenähnliche Krippenfiguren bat, schlug sie vor, die erforderlichen Körper in Augsburg zu besorgen.[3] Möglicherweise war ihr die Idee dazu durch Berichte über die 1562 erstmals in Prag errichtete Jesuitenkrippe gekommen. Jedenfalls ist ihren Anweisungen zu entnehmen, dass dabei nicht auf gängige Krippenware zurückgegriffen werden konnte, sondern dass man sich auf Neuland begab. Dieser Vorgang markiert auch den Übergang der Krippe von der kirchlichen in die private – wenn auch vorerst noch fürstliche – Sphäre.

Verwandte Erscheinungen, Jesuitenkrippen und die Folgen
Daneben entstanden Werke, die man im weiteren Sinne zur Krippenkunst rechnen kann, wie die silbernen Bethlehems des Augsburger Goldschmieds Abraham Lotter (um 1615).[4] In der Basilika St. Ulrich und Afra wurde 1604 in gegenreformatorischem Selbstbewusstsein der spätgotische Altar durch drei großartige, wie übergroße Monstranzen geformte Altäre mit Figuren des Weilheimers Hans Degler ersetzt, deren mittlerer die Anbetung des Gotteskindes durch die Hirten unter einem von Engeln bevölkerten Himmel zeigt.[5] Die Heilig-Kreuz-Kirche bekam zwei Weihnachtsaltäre (1622, 1623) mit der Anbetung der Hirten und der Huldigung der Drei Könige. Etwa hundert Jahre später wurden beide Altäre erweitert und dem Zeitgeschmack angepasst. Nach der Bombardierung der Kirche im letzten Krieg schuf man mit den geretteten Figuren eine Krippe mit zwei Wechselszenen.[6] Um die Mitte des 17. Jahrhunderts wurden im Dom Figuren eines älteren Altars in einer Nische zu der heute noch vorhandenen „Domkrippe" zusammengestellt. Sie aber wegen des höheren Alters ihrer Figuren als älteste Krippe Schwabens zu bezeichnen, ist nicht korrekt.[7] Auch in den Landkreisen entstanden ständige Rekonstruktionen des Weihnachtsgeschehens, beispielsweise in der Liebfrauenkapelle von Mindelheim (1649), in der Frauenkapelle von Schwabmünchen (um 1675) und in der Wallfahrtskirche Kirchhaslach (um 1710).
So eindrucksvoll diese Beispiele sind, so wenig waren sie aber

---

[3] Mitterwieser, Alois: Frühere Weihnachtskrippen in Altbayern, München 2. Auflage 1927, S. 3f
[4] Berliner, Rudolf: Die Weihnachtskrippe, München 1955, S. 25; Riolini, Peter: Krippenstadt, Augsburg 1984, S. 28 und 35
[5] Riolini, Peter: Krippenstadt, a.a.O., S. 37f
[6] ebenda, S. 33ff
[7] ebenda, 31ff. Zum Vergleich: Die 1954 angelegte „Römermauer" vor dem Augsburger Dom kann auch nicht als römisches Bauwerk bezeichnet werden, nur weil in ihr einige römische Spolien vermauert sind. Analog – aber auch aus anderen Gründen – verhält es sich mit den eingemauerten Marmorfiguren einer frühen Krippendarstellung (Arnolfo di Cambio) in St. Maria Maggiore in Rom, die von gewissen Publizisten als älteste Krippe Italiens bezeichnet werden.

Geschichte der Krippe in Bayern – Schwaben

Krippen im eigentlichen Sinne. Ab der Wende zum 17. Jahrhundert bricht sich die Krippe dann Bahn. Auf dem heutigen schwäbischen Territorium werden Jesuitenkrippen in Monheim (1618), Mindelheim (1618, 1633, 1670), Augsburg (1635) und Neuburg/Donau (1647) aufgestellt. Von diesen Krippen haben sich die einen Meter hohen Mindelheimer Figuren erhalten. Allerdings gehen nicht alle der Figuren auf diese frühe Zeit zurück.

Die weitere Entwicklung zeigt, dass der Brauch, Krippen an Weihnachten aufzustellen und zu bewundern, sich zunehmend größerer Beliebtheit erfreute und sich dementsprechend verbreitete. Dem Einfluss der Jesuiten dürfte dabei eine nicht zu unterschätzende Vorbildfunktion zugekommen sein.[8] Und so zeigt sich Schwaben im 18. und 19. Jahrhundert und bis auf den heutigen Tag durchgehend als blühende Krippenlandschaft. Von Wallerstein im Norden bis Füssen im Süden finden sich bewundernswerte Kirchen-, Kloster- und fürstliche Krippen. Hauskrippen gibt es in solcher Menge, dass Versuche, sie in einem Kompendium zu erfassen, Stückwerk bleiben müssen. Natürlich gehört den noch erhaltenen gekleideten Krippen der Barockzeit unsere besondere Bewunderung, wobei man in diesem Metier mit einiger Großzügigkeit den barocken Stil bis in das 19. Jahrhundert hinein weiterverfolgen kann. Da sind neben der Mindelheimer Jesuitenkrippe besonders hervorzuheben die herrliche, vielfigurige Krippe des ehemaligen Damenstifts Edelstetten, eine Rokoko-Nachbildung der Geburtskirche und -grotte von Bethlehem der Franziskanerinnen von Mindelheim, die Kirchenkrippe jesuitischen Ursprungs von Höchstädt, die Kirchenkrippe von Burgau, die Krippe des Klosters Ottobeuren und die Kirchenkrippe von Legau, die aus dem im Württembergischen gelegenen Prämonstratenserkloster Rot an der Rot stammt.

Die Popularisierung der Krippe

Die Popularisierung der Krippe begann bereits im 18.

Weihnachtsaltar in St. Ulrich und Afra, Augsburg 1604
Mit seinen vollplastischen, gebärdenstarken Figuren kann diese Art von Altären, in Augsburg vom Weilheimer Bildhauer Hans Degler (1564-1635) gefertigt, zu den Vorläufern der Weihnachtskrippe gezählt werden.

---

8 Lidel, Erich: Krippenbau in Schwaben. In: Bayerischer Krippenfreund, 280/1992, S. 6

Geschichte der Krippe in Bayern – Schwaben

Jesuitenkrippe Mindelheim, erste und zweite Hälfte 17. und 18. Jahrhundert
Die einen Meter hohen Figuren geben einen Eindruck von der Pracht damaliger Jesuitenkrippen, auch wenn deren heutige Aufstellung weniger einem szenischen Arrangement als einer Heerschau gleicht.

Jahrhundert.[9] Gekleidete Oberammergauer Figuren gehören dabei in Augsburg schon zum Erscheinungsbild. Auch Augsburgs Rolle als frühes Zentrum der Printmedien trug dazu wesentlich bei. In Form von Holzschnitten, Kupferstichen und später von Lithographien konnten Ausschneidebögen mit Krippen in großen Mengen preiswert und leicht transportierbar hergestellt werden. Sie fanden nicht nur innerhalb der Region ihre Abnehmer, sondern gelangten bis nach Wien und Paris. Am bekanntesten sind die hübschen Erzeugnisse des Kupferstichverlags Martin Engelbrecht (1684-1756). Am häufigsten finden sich heute noch die als kolorierte Lithographien herge-

stellten Figuren des katholischen Andachtsbilderverlags Hutter (2. Hälfte 19. Jahrhundert).[10] Wachszieher und Frauenklöster gossen in Gipsformen Christkindlein sowie Köpfe, Hände und Beine, die zu gekleideten Figuren weiterverarbeitet werden konnten. Auch Figuren mit Ton- oder Gipsköpfen sind bekannt. Für den regionalen Markt stellte man sowohl in Augsburg als auch in Ober- und Mittelschwaben im Nebenerwerb die halbseitigen Tonmodelfiguren her. Sie sind zum Teil von den Kümmerazhofener und Zizenhausener Terrakotten beeinflusst. Vor allem im Viereck Günzburg-Burgau-Krumbach-Weißenhorn wurden diese unscheinbaren Figürchen für die

---

9 Gockerell, Nina: Die Engel reden miteinand. In: Die historische Kirchenkrippe im Oberammergau Museum, München-Berlin 2004, S. 27
10 Riolini, Peter: Papierkrippen aus Schwaben, Oberschönenfeld 1998, S. 16ff

Geschichte der Krippe in Bayern – Schwaben

kleinbürgerliche und kleinbäuerliche Bevölkerung auf den Weihnachtsmärkten angeboten.[11] Dort auch beobachten wir das Phänomen, das dieser Region den Namen „Schwäbisches Krippenparadies" einbrachte: Fast in jedem Haus wird eine Krippe aufgestellt, und die Laienschnitztradition ist bis auf den heutigen Tag lebendig.[12]

Das „Schwäbische Krippenparadies"

Es ist versucht worden, diese Erscheinung mit der besonderen Handfertigkeit im Schnitzen zu erklären, die den nach dem Dreißigjährigen Krieg aus Tirol zugewanderten Bauern angeblich innewohnte.[13] Aber weder gibt es einen Beweis für diese besondere Fertigkeit der Neusiedler – ganz zu schweigen von einer genetischen Disposition –, noch existiert für den Zeitraum von etwa 1650 bis 1750 jegliches direkte Beweisstück. Die Zeit war für eine ländliche Volkskrippe einfach noch nicht reif. Aber natürlich verfehlten die vielen Krippen der miteinander an Prachtentfaltung wetteifernden kleinen geistlichen Herrschaftsbezirke nicht ihre Wirkung auf das Volk. Als die Klöster dann zu Anfang des 19. Jahrhunderts aufgelöst wurden und Klostergut aus seinem ursprünglichen Zusammenhang gerissen und verschleudert wurde, erwies sich die breite Bevölkerung als pietätvolles Auffangbecken. Plötzlich eröffnete sich ihr die Möglichkeit, selbst in den Besitz eines Abglanzes der alten Herrlichkeit zu gelangen, die sozusagen den Himmel auf die Erde holte. Dazu kam, dass Künstler, die ihre kirchlichen Brotherren verloren hatten, sich neue – bescheidenere – Auftraggeber im ländlichen Bereich suchten. (Auch die Oberammergauer Schnitzer mussten sich mit billiger Massenware auf eine weniger zahlungskräftige Käuferschicht einstellen.) Nach Aufhebung des öffentlichen Krippenverbots im Jahre 1825

Kupferstich-Diorama, Augsburg 1. Hälfte 18. Jahrhundert
Das handkolorierte Kulissenbild (22x20 cm) von Martin Engelbrecht, das die Hochzeit von Kana darstellt, besitzt sieben Ebenen, deren vorderste wie ein Theaterprospekt gestaltet ist.

---

11 Siehe Riolini, Peter: Bachene – Schwäbische Tonmodelfiguren, Gessertshausen 1992
12 Sprandel, Viktor: Mittelschwäbische Krippen. In: Der Landkreis Krumbach, Band 3, Weißenhorn 1972, S. 223ff und Reißenauer, Franz / Schretzenmayr, Heribert: Das Schwäbische Krippenparadies im Landkreis Günzburg, Günzburg 1983
13 Vgl. Sprandel, Viktor, a.a.O., S. 223

Geschichte der Krippe in Bayern – Schwaben

Diorama, Krumbach um 1769
In drei Ebenen zeigt dieses in Öl auf Karton gemalte Diorama, das zu einer 13-teiligen Serie des schwäbischen Freskanten Jakob Fröschle gehört, die Szene der Beschneidung.

durch König Ludwig I., der als kunstliebender Monarch dem Nazarenerstil sehr zugetan war[14], wirkte sich der Einfluss der sogenannten Deutschrömer auf das Krippenschaffen Schwabens in besonderer Weise aus. In dieser vom Volke getragenen Krippenbegeisterung mag wohl auch mancher begabte Bauer, Knecht oder Kleinhandwerker sein Schnitztalent entdeckt haben. Vorbilder gab es ja genug. Namen wie Matthias Wiegel (1812-1902), Anton Schnitzler – nomen est omen – (1820-1899), Seraphin Müller (1829-1878), Fritz Luible (1854-1907), Matthias Lidel (1860-1920), Rupert Wildbiehler (1860-1952) und Mathias Wiedemann (1901-1928) haben einen guten Klang. Als sehr begabter Laienmaler von Papierfiguren ist Anton Mayr (1813-1883), vulgo Kirchenmayr, bekannt.[15]

Die im schwäbischen Umland sich ausbreitende Krippenfreude hat im ausgehenden 19. Jahrhundert auch das Augsburger Krippenbrauchtum neu befruchtet, als im Zuge der Industrialisierung viele Landleute in der Stadt ihr Glück versuchten. Das markanteste Beispiel ist dafür der 1845 in Burgau als Sohn des oben erwähnten Matthias Wiegel geborene Maurer Josef Wiegel, der sich bis zu seinem Tod im Jahre 1918 in Augsburg als „Freihandschnitzer" betätigte.[16] Seine Figürchen sind die meistgeschätzten Krippenfiguren eines Autodidakten weit und breit.

Die Vielgestaltigkeit schwäbischer Krippen

Wie aus der Vielgestaltigkeit des schwäbischen Krippenkosmos unschwer zu erkennen ist, kann von d e r schwäbischen Krippe nicht gesprochen werden. Am ehesten noch führte die mittelschwäbische Laienschnitztradition zu einem ganz bestimmten Typus. Die mechanischen Krippen gehören nicht zum allgemeinen weihnachtlichen Erscheinungsbild, wenngleich sie in einzelnen Exemplaren vorkommen. Diese Art von Krippen ist der überzeugendste Ausdruck für die Verbindung von Theater und Krippe. Sie verwirklichen, wenn auch auf primitive Weise, das Prinzip der frühen Krippenautomaten. Paul von Stetten erwähnt 1779 die „sogenannten lebenden Krippen, die zur Weihnacht-Zeit aufgestellt werden".[17] Man sagt den Schwaben, insbesondere den Allgäuern, ja den Hang zur Tüftelei nach und bezeichnet Menschen solchen Schlages als „Mächeler". Ergebnis eines derartigen Charakters ist die „Altmummener Krippe" im Heimathaus Sonthofen mit Szenen aus dem Alten und Neuen Testament, die der stumme Sattlermeister Johann Georg Schmiedeler (1881-1961) im Laufe seines Lebens auf 17 Quadratmeter ausweitete. Auch in Rettenberg bei Sonthofen baute ein Uhrmacher eine mechanische Krippe.[18] Ebenso besaß die Krippe mit geschnitzten Figuren des Kemptener Künstlers und Zeichenlehrers Ludwig Weiß (um 1820) mechanische bewegbare Szenen. Eine weitere originelle, wenngleich primitivere, zerlegbare mechanische Krip-

---

14 Lidel, Erich: Zur Geschichte der Krippe in Schwaben. In: Bayerischer Krippenfreund 280/1992, S. 8
15 Lidel, Erich: Die Schwäbische Krippe, Weißenhorn 1978, S. 81ff
16 Riolini, Peter: Josef Wiegel – Ein schwäbischer Krippenschnitzer, Gessertshausen 1988
17 Stetten, Paul von: Kunst-, Gewerbe- und Handwerks-Geschichte der Reichsstadt Augsburg, Augsburg 1779
18 Lidel, Erich: Geistl. Rat Alois Burger, der Gründer des Bayerischen Krippenvereins. In: Bayerischer Krippenfreund 300/1997, Abb. S. 7

Geschichte der Krippe in Bayern – Schwaben

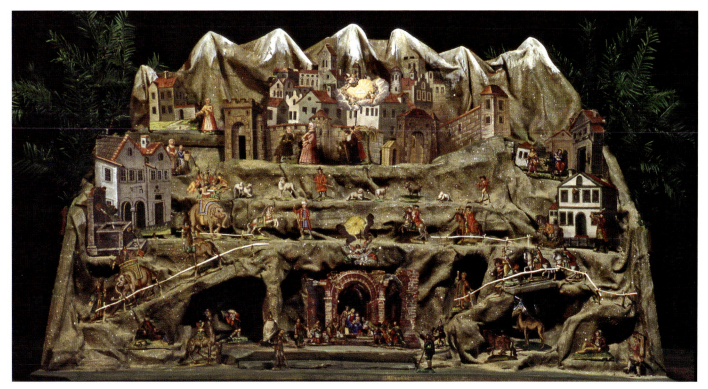

Kupferstich-Figürchen aus Ausschneidebogen, Augsburg 18. Jahrhundert
Auf einen neuen kaschierten Stoffberg wurden diese handkolorierten Figürchen gesteckt, die aus dem Besitz des oberbayerischen Freskanten Balthasar Mang (1720-1803) stammen und Augsburger Ausschneidebögen entnommen sind.

pe mit einem Stufenberg aus dem Jahre 1910 von dem Landwirt Leonhard Bader wird seit einigen Jahren wieder in Langenreichen errichtet. In der ursprünglich aus Autenried bei Ichenhausen stammenden, heute dem Museum Friedberg gehörigen Fingerle-Krippe (um 1800) gibt es einige bewegliche Figuren, die beweisen, dass dazu früher ein mechanischer Antrieb existiert haben muss. Schließlich gelangten nach dem Krieg mit den Heimatvertriebenen die Papierfiguren mechanischer Krippen aus Böhmen nach Schwaben. Auch die Simultankrippe gibt es ursprünglich in Schwaben so oft oder so selten wie anderswo. Sie ist also nichts typisch Schwäbisches,

wenngleich das manchmal so hochstilisiert wird.
Dennoch soll hier wenigstens die umfangreiche Wettenhauser Klosterkrippe hervorgehoben werden. Sie geht auf das Jahr 1890 zurück und hat einen gemischten Figurenbestand, der von gekleideten Oberammergauer und Münchner Figuren des 19. Jahrhunderts bis zu Figuren von Josef Brenner aus Günzburg (um 1920) und Ludwig Vogele aus Ichenhausen reicht. Heute zeigt sich diese Simultankrippe in einer purifizierten Neuaufstellung im ehemaligen Pferdestall des Klosters.[19] Erst in der Folge eines gewissen „Krippentourismus" ab der Mitte des 20. Jahrhunderts gingen auch private Krippenbesit-

---
19 Reißenauer, Heribert / Mettenleiter, Anton: Die Wettenhauser Klosterkrippe, Lindenberg 1999

Geschichte der Krippe in Bayern – Schwaben

Mittelschwäbisches Eckkrippchen mit Tonmodelfiguren, um 1900
Diese sogenannten „Bachenen" waren in Mittelschwaben die Figuren der armen Leute, den bescheidenen Berg – dieser stammt aus Neuburg a. d. Kammel – nagelte man aus Wurzeln grob zusammen.

zer dazu über, die Szenen des Weihnachtsfestkreises nicht mehr in zeitlicher Abfolge, sondern gleichzeitig auf dem Krippenberg aufzustellen, der auf diese Weise dann oft ausufert. Andererseits wird noch heute manche Krippe, wohl in Analogie zu der im schwäbisch-alemannischen Raum praktizierten Realteilung, unter Erben aufgeteilt und zerfällt auf diese Weise in immer kleinere Einheiten.

Die Gründung des Krippenvereins

Hier in Schwaben wurde auch der „Verein bayerischer Krippenfreunde" ins Leben gerufen.[20] Nachdem sich in Augsburg und Günzburg schon vorher Krippenfreunde in lockerer Verbindung zusammengefunden hatten, war es der franziskanisch bescheidene Landpfarrer Alois Burger, der im Kriegsjahr 1917 nach dem Vorbild des acht Jahre zuvor gegründeten Tiroler Krippenvereins die konstituierende Versammlung nach Günzburg einberief und daraus als Vorsitzender und Herausgeber des Vereinsorgans „Der Bayerische Krippenfreund" hervorging. Im gleichen Jahr war in München der große Krippensammler und Mäzen Kommerzienrat Max Schmederer gestorben. Die Absicht des Vereins war es, die vernachlässigte Krippenpflege zu fördern und alte Krippen vor dem Untergang zu bewahren. Der daraufhin einsetzende Aufbruch darf getrost als Euphorie bezeichnet werden. Heute ist Bayerisch Schwaben mit 15 Vereinen nach Oberbayern mit am stärksten im Verband Bayerischer Krippenfreunde vertreten.

2008 hat der Weltkrippenkongress wieder in Bayern stattgefunden, vom 23. bis 27. Januar in Augsburg (nach 1961 in München und 1979 in Nürnberg).

Das Dritte Reich und die Nachkriegszeit

Während des Dritten Reiches war jegliche nicht regimekonforme Vereinstätigkeit und damit auch jegliches öffentliche Krippenleben verboten.[21] Das Aufstellen von Krippen im privaten Bereich war davon zwar nicht betroffen, aber nichtsdestoweniger wirkte sich der Zeitgeist auch dort aus. Dennoch wurden von Augsburg aus durch Kreise, die dem heimlichen Wider-

---

20 wie Fußnote 19, S. 4ff
21 Fleischmann, Gerhard: Chronik des Ortsvereins Augsburg im Verein Bayerischer Krippenfreunde, Augsburg 1979, S. 90ff

Geschichte der Krippe in Bayern – Schwaben

Papierkrippe, Waldstetten 1825
Die ca. 50 cm großen Figuren in der St.-Jakobs-Kapelle malte der Weißenhorner Freskant Konrad Huber (1752-1830) – genau genommen – auf Karton, der Hintergrund stammt von Johann Babtist Dollenbacher (1815-1866).

stand zugerechnet werden können, einfache Papierkrippen hergestellt und den Soldaten mit Feldpost an die Front zugeschickt.[22] Im Dezember 1941 erwarb Dekan Wilhelm Bogner in Augsburg für seine evangelische St.-Anna-Kirche unter riskanten politischen Umständen in Tirol eine Krippe mit Figuren[23], die teilweise in der Giner-Tradition geschnitzt sind. Eine Krippe in einer evangelischen Kirche war damals noch keine Selbstverständlichkeit. Bevor die Fliegerangriffe einsetzten, mussten in den Städten alle Dachböden von brennbarem Ge-

rümpel freigemacht werden. Wie viele alte Krippen, insbesondere Alt-Augsburger Papierkrippen, mögen damals auf die Müllplätze gelangt sein!
In der Nachkriegszeit hatte man erst einmal andere Sorgen, doch gehörte das einfache Krippchen in christlichen Kreisen immer noch zu den weihnachtlichen Selbstverständlichkeiten. Die später einsetzende Wohlstandswelle mit ihren Sperrmüllaktionen war einerseits der Krippe nicht gerade förderlich; andererseits landete aber manches auf den Flohmärkten, wo

---

22 Riolini, Peter: Krippenstadt, a.a.O., S. 125
23 Bogner, Gerhard: Etwas Wahres gegen Bares. In: Schönere Heimat, München 4/1996, S. 227

Geschichte der Krippe in Bayern – Schwaben

Fingerle-Krippe, Höchstädt Ende 18., Anfang 19. Jahrhundert
Ursprünglich waren mechanisch bewegliche Figuren in der Krippe (heute im Museum Friedberg) installiert, die seit einer früheren Verkleinerung ihren symmetrischen Aufbau eingebüßt hat.

sich dann doch wieder neue Liebhaber fanden.

Versuche einer Modernisierung
Neue Impulse kamen erst – und das gilt quer durch alle Ortsvereine des bayerischen Verbandes – mit den Auseinandersetzungen um ein modernes Erscheinungsbild der Krippe in den Jahren 1969 bis 71. Eine wirklich moderne Krippe konnte sich jedoch nicht durchsetzen, auch wenn aus Schwaben einige starke Anregungen kamen. Dies sollte aber die Sieger in diesem Meinungsstreit[24] nicht unbedingt mit Genugtuung erfüllen, ist diese Tatsache doch nur ein Symptom für ein allgemeines Defizit an kraftvollen Bildern auf dem Gebiet der religiösen Kunst. Die Bevorzugung pseudobarocker Schöpfungen ist demgegenüber gewiss nicht die bessere Lösung. In dieser Verlegenheit wurde die unverfängliche Schönheit alter Krippen neu entdeckt. Vieles wurde und wird wieder hervorgeholt, repariert und restauriert, insbesondere die noch existierenden Barockkrippen. Leider bleibt dabei manchmal der Sachverstand hinter dem guten Willen zurück. Darüber hinaus setzte auch eine Forschungs- und Ausstellungstätigkeit ein, die eine Reihe von Veröffentlichungen auslöste. Für die Förderung zeitgenössischen Krippenschaffens stiftete der Hotelier Bartholomäus Ernst in Bad Wörishofen in Zusammenarbeit mit dem Mindelheimer Krippenmuseum den sogenannten St.-Lukas-Preis, unterteilt in verschiedene Kategorien, für die besten zeitgenössischen Krippenschöpfungen. Dieser Preis wird nunmehr seit 1995 alle zwei Jahre vergeben.[25]

Die heutige Entwicklung
Während bis vor einiger Zeit Krippenpflege und Krippenausstellungen als die alleinige Domäne der Krippenvereine galten und höchstens zwischendurch einmal ein Museum sich die-

---
24 Die Auseinandersetzungen spiegeln sich in den entsprechenden Nummern des Bayerischen Krippenfreundes wider.
25 Vgl. u.a.: Auseinandersetzung mit Tradition und Moderne. In: Bayerischer Krippenfreund 335/2006, S.12ff

Geschichte der Krippe in Bayern – Schwaben

Wiegel-Krippe, Augsburg um 1910
Figuren und Wurzel-("Stumpen"-)berg stammen von dem bekannten Laienschnitzer Josef Wiegel aus Burgau, der auch das Schema des mittelschwäbischen Krippenbergs in seine Wahlheimat Augsburg brachte.

sem Thema widmete, werden inzwischen allerorten von nicht organisierten rührigen Menschen solche Ausstellungen und auch „Krippenwege" eingerichtet. Obwohl oder vielleicht gerade weil bei diesen Veranstaltungen meist kein Qualitätsanspruch erhoben wird, sondern weil die Durchschnittskrippen, wie sie die Regel sind, gezeigt werden, erfreuen sie sich großer Beliebtheit. Diese Erscheinung steht eigentlich im Gegensatz zu der allgemein festzustellenden „Erosion des Glaubens". Sie zeigt, dass die in den Menschen verankerten gemüthaften Werte nach Ausdrucksmöglichkeiten suchen, seien sie auch noch so bescheiden. Und sie erinnert auch daran, dass die Krippe nicht in erster Linie ein Kunstwerk, sondern

Geschichte der Krippe in Bayern – Schwaben

Mittelschwäbische Krippe, Ichenhausen ab frühes 19. Jahrhundert
Besonders in manchen Dörfern ist die Krippentradition so stark verwurzelt, dass in Kellerräumen oder einstigen Ställen großflächige Simultankrippen aufgestellt wurden, an denen mehrere Generationen geschnitzt oder gebaut haben.

ein Produkt der Volksfrömmigkeit ist. Dem gestalterischen Bedürfnis kommen Krippenvereine vermehrt entgegen, indem sie vom Krippenverband geförderte Krippenbauschulen einrichten. So wurde vor kurzem in Kempten die erste Krippenbauschule auf bayerischem Boden, die auch sogenannte Krippenbaumeister ausbildet, eingeweiht.[26] Den dort gebastelten Krippen sieht man allerdings meist nicht mehr an, ob sie aus Schwaben, Tirol, von der Mosel oder sonst woher stammen.

Dreikönigsszene von Ludwig Vogele, Ichenhausen 2. Hälfte 20. Jh.
Die ungewohnte familiäre Atmosphäre fällt bei den Heiligen Drei Königen auf, die der Bildhauer Ludwig Vogele in seinem individuellen Stil gestaltete.

---

26 Schwarz, Bruno: Erste Krippenbauschule auf bayerischem Boden. In: Bayerischer Krippenfreund 341/2007, S. 85f

Geschichte der Krippe in Bayern – Schwaben

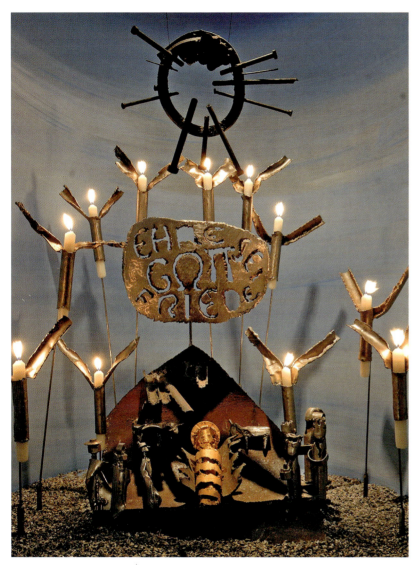

Metallkrippe mit Engeln, Augsburg 1982
Diese Darstellung von Peter Riolini gibt den Realismus auf und will nicht bewundert werden, sondern zur stillen Versenkung in den göttlichen Heilsplan einladen.

Krippenstele, Augsburg 2004
Moderne Schöpfungen – wie dieses Relief von Manfred Roth auf einem alten Eichenbalken – versuchen, die im Laufe der Zeit ins Genrehafte gedriftete Krippe wieder auf den Kern der Weihnachtsaussage zurückzuführen.

Wilfried Kuntke
Krippe in Franken

Unterschiedliche Voraussetzungen und Einstellungen

Obwohl Franken durchaus mit einer jahrhundertealten Krippentradition gesegnet ist, war es eher ein Krippengebrauchsland, das alle äußeren Einflüsse und Krippenstile in sich aufgesogen, aber keinen eigenen Krippentyp hervorgebracht hat. Die bis zur Säkularisation herrschende territoriale Zersplitte-

Krippe der Oberen Pfarre Bamberg, ab 2. Hälfte 18. Jahrhundert
In ihren bunten und vielfältigen Alltagsszenen bayerisch-fränkischer Art strahlt die Krippe mit ihren fast 200 Gliederfiguren (30 bis 60 cm Höhe) immer noch barocke Lebenslust aus, trotz zahlreicher Restaurierungen und Ergänzungen.

Geschichte der Krippe in Bayern – Franken

Krippenfiguren, Fladungen 1760/70
Zu den künstlerisch hochwertigen Krippen in Franken gehören auch diese hübschen Figuren, die mit bewegter Gestik, aber etwas kindhafter Mimik geschnitzt sind.

inniges, immerwährendes Verhältnis zu ihr bewahrten, sieht man sie in den unterfränkischen Kirchengemeinden um Würzburg zwar auch als schönen Weihnachtsbrauch, ohne sich jedoch den Enthusiasmus ihrer katholischen Nachbarn im Osten zu eigen zu machen. In manchen katholischen Gegenden, wie dem Frankenwald, dem Fränkischen Jura und der Rhön hielt die Krippe so spät Einzug, weil der Kampf um das tägliche Überleben wichtiger war. Dabei war man in diesen Regionen mit dem Holzschnitzen durchaus vertraut, aber man verwandte diese Fertigkeit nur auf die Herstellung von Nutzgegenständen.

rung erklärt auch, warum sich die Krippenlandschaft Frankens[1] so uneinheitlich und verschieden in Krippenstilen und regionaler Dichte darstellt, ja die Krippe in den protestantischen Gebieten der Bayreuther und Ansbacher Hohenzollern, der Coburger Wettiner und in den Reichsstädten sich erst so richtig nach dem Zweiten Weltkrieg entwickelte. Als dann die Entkrampfung des Verhältnisses beider Konfessionen gelang, war dies wie ein Signal, so dass heute die Krippenarbeit der evangelischen Kirche in der Bamberger und fränkischen Krippenbewegung einen wichtigen und sehr produktiven Platz einnimmt. Recht unterschiedlich war und ist aber auch die Einstellung zur Krippe innerhalb der katholischen Gebiete Frankens. Während die Bamberger seit der Einführung der Krippe durch die Jesuiten über die Jahrhunderte hinweg sich ein sehr

Krippen in Franken bis zur Säkularisation

Die ersten Nachweise über frühe Krippen in Franken sind Aufträge zu Reparaturen, Rechnungen, Bestellungen von Krippengut oder Eintragungen und Berichte in den jeweiligen Kirchenchroniken. Belegt sind aus dieser Zeit Krippen in Alt St. Martin in Bamberg 1615, Eibelstadt 1640, Frickenhausen 1644, Volkach 1651, Randersacker 1653, Gößweinstein 1647, Hiltpoltstein 1664, Zehntbechhofen 1665, Eichstätt um 1700, Würzburg 1719. Die Krippe war zu allererst eine innerkirchliche Angelegenheit. Den entscheidenden Anstoß gaben dazu, wie überall, die Jesuiten.

Zwar befassten sich einheimische Künstler mit dem Schnitzen von Krippenfiguren, wie vermutlich die Bildhauerfamilie Mutschele, der man einige qualitätvolle Figuren der Oberen Pfarre

---

[1] Zur Krippengeschichte Frankens vergleiche vor allem Daxelmüller, Christoph: Krippen in Franken, Würzburg 1978; Röhrig, Hans-Günther: Fränkisches Krippenbuch, Bamberg 1981; Klein, Diethard H.: Weihnacht in Franken, Bamberg 1992 sowie besonders die Hefte 231, 252, 281, 292, 317, 321, 325 des „Bayerischen Krippenfreundes"

Geschichte der Krippe in Bayern – Franken

in Bamberg zuordnet, oder der aus derselben Werkstatt hervorgegangene Bildschnitzer Theiler, dem Figuren in Gößweinstein zugeschrieben werden. Aber diese Figuren könnten, vom Stil her gesehen, genau so gut in Kirchen Altbayerns oder Tirols stehen. In Dinkelsbühl bestand schon 1616 eine Krippe, die sich mit zeitbedingten Veränderungen bis in das späte 18. Jahrhundert hielt und von Christoph v. Schmid erwähnt wird.[2] Aus Kloster Ebrach stammt eine Rokokokrippe par excellence mit gekleideten Figuren mit Wachsköpfen in einem Rokokoschrein (heute im Stadt- und Heimatmuseum Gerolzhofen). Zwei künstlerisch hochwertige Krippen aus dem 18. Jahrhundert mit vollgeschnitzten, gefassten Figuren, die eine aus Iphofen (heute im Diözesanmuseum Bamberg), die andere aus Oberfladungen (heute im Rhönmuseum Fladungen) können keinem bestimmten Künstler zugeordnet werden. Wirklich charakteristische Krippen, nämlich die aus einem Stück Birnbaumholz geschnitzten Kleinkrippen in feinstem Rokoko, hat einzig Johann Benedikt Witz (1709 -1780) geschaffen.

Das Jahr 1803 brachte auch für Franken ein Verbot öffentlicher Krippen. Man kann den Verdacht nicht loswerden, dass gerade im neuen Landesteil Franken die Wittelsbacher sich der Loyalität der Bevölkerung noch nicht sicher waren und dass deshalb alle behördlichen Anordnungen mit besonderer Schärfe und Unerbittlichkeit durchgeführt wurden. Bekannt ist ein Streit, den der Kirchenpfleger J.A. Kirchberg bis in die höchsten Instanzen wagte, um die Krippe von Alt-St. Martin in Bamberg zu retten. Er unterlag schließlich dem Diktat der Staatsbürokratie. Mehr Glück hatte die allerdings längst nicht so figurenreiche, barocke Krippe in der Oberen Pfarre, die damals von dem Pfarrherrn Andreas Schellenberger bis zur Aufhebung des Krippenverbotes 22 Jahre lang versteckt gehalten wurde.

Von der Aufhebung des Krippenverbotes bis in die Anfänge des 20. Jahrhunderts

Viele Krippen waren durch die Säkularisation unwiederbringlich verlorengegangen. Manches wurde zerstreut und zu billigen Preisen weiterveräußert und bildete auf diese Weise ungewollt einen Schub bei der Verbreitung der Hauskrippen. Die

Jahreskrippe der Wallfahrtskirche Gößweinstein, um 1800
Die frühen Figuren werden dem bedeutenden fränkischen Rokoko-Künstler Friedrich Theiler aus Ebermannstadt zugeschrieben, bei dem man schon die Nähe zu den Nazarenern spürt.

Wiedereinführung des Krippenbrauches verlief in den Anfangsjahren wohl ungeordnet und nicht ganz der religiösen Ausrichtung entsprechend. Das veranlasste bereits 1826 den hochangesehenen Bamberger Domvikar und Sekretär des Bamberger Domkapitels, Johann Baptist Cavallo, ein Büchlein über den „Kurzen Unterricht über den Gebrauch der Krippen zur Weihnachtszeit nebst Andachtsübungen beim Besuche der Krippen" zu verfassen, in dem er auch vor Ausartung und Missbrauch warnt.

Franken, das einen völligen Neuanfang vieler Kirchenkrippen erlebte, öffnete sich in den dreißiger Jahren des 19. Jahrhunderts bereitwillig der neuen Kunstrichtung der Romantiker und Nazarener. Ihr frommer, weicher, südländisch-orientalischer

---

2 Schmid, Christoph v.: Erinnerungen aus meinem Leben, Augsburg 1853-57

Geschichte der Krippe in Bayern – Franken

Landschaftskrippe Marktredwitz, 19. und 20. Jahrhundert
Mit gemodelten, bunten Figuren versuchten die Töpfer zu Beginn des Industriezeitalters den mangelnden Absatz von Hafnergeschirr auszugleichen, die landschaftsuntypische, alpenländische Umgebung entsprach dem Zeitgeschmack.

Stil wurde natürlich auch von den Krippenschnitzern und Krippenbauern aller Regionen übernommen, jedoch blieb Franken weitgehend bei den gekleideten Figuren, die aber jetzt orientalische Tracht trugen. Diese neuen Kunstideale fanden nicht immer die Zustimmung der Traditionalisten. Beim einfachen Volk aber entstanden Mischformen mit heimatlichen und orientalischen Elementen. Eigene Wege gingen auch die Krippler der evangelischen Stadt Marktredwitz[3], deren Blickfeld traditionsgemäß nach dem Egerland und Böhmen ausgerichtet ist. In riesige Landschaften, in denen heimatliche, alpenländische und orientalische Elemente einen reizvollen Kontrast bilden, wird eine Unmenge von Tonfiguren, die so genannten Hafnerfi-

---
3 Vgl. auch Bayerl, Georg / Schultes, Manfred: Marktredwitzer Krippenweg, Amberg 1998

Krippenalbum aus Bamberg, um 1920
Die über 90-jährige Tradition der Bamberger Krippenfreunde belegen auch zahlreiche Fotos aus den Jahren um 1920, wie „Der bethlehemitische Kindermord" in der Kirche Zu Unserer Lieben Frau.

guren, gestellt, die viele Szenen aus dem prallen Volksleben zeigen. Einzelne geschnitzte Krippen stammen von dem aus Tirol zugezogenen Maler und Bildhauer Matthäus Schiestl (1869-1939) und dessen Söhnen.

Der zweite große Umbruch für die Krippe in Franken war die im 19. Jahrhundert beginnende Industrialisierung und mechanische Fertigung der Erzeugnisse. Wenn die Weihnachtskrippe allgemein wieder populär wurde, dann ist dies vor allem der Massenproduktion von in Formen gegossenen Gips- und Tonmassefiguren u.a. aus Thüringen, dem Erzgebirge und auch dem Niederrhein zuzuschreiben, an deren Formgebung vor allem die nazarenische Schule beteiligt war. Fast gleichzeitig fing im Raum um Sonneberg, im angrenzenden Coburger Land und auch im Erzgebirge die Fertigung der Papiermachéfiguren an, die ebenfalls in Model gedrückt oder gegossen und von Markthändlern, Kunstverlagen und Fachgeschäften in verschiedenen Größen angeboten und dank der Eisenbahn weiträumig verbreitet wurden. Niedrige Preise machten sie vor allem für die ärmeren Teile der Bevölkerung attraktiv. In Franken erfreuten sie sich unter dem Begriff „Hauskrippenfiguren" größter Beliebtheit. Die Produktion der Gips- und Papiermachéfiguren hatte ihren Höhepunkt in den zwanziger und dreißiger Jahren des 20. Jahrhunderts. Sie konnten, da sie in verschiedenen Größen gearbeitet wurden, gleichermaßen für Kirchen- und Hauskrippen verwendet werden. Die Konkurrenz neuer Massenprodukte sowie der Zweite Weltkrieg und die

Geschichte der Krippe in Bayern – Franken

Jahreskrippe der Sandkirche in Aschaffenburg, 1939
In einer fränkischen Umgebung mit lokalen Bezügen hat der Münchner Kunstmaler Theodor Gämmerler zeittypisch „altdeutsch" diese Bühnenkrippe, die heute noch nach seinen Vorgaben aufgestellt wird, in seinem „in Schönheit erstarrten Stil" mit orientalisch gekleideten Figuren inszeniert.

kommen der Kirchengemeinde St. Egidien konnte im Kirchenchor dieser einzigartigen und einzigen Barockkirche in Nürnberg ein würdiger Rahmen für die alljährliche Advents- und Weihnachsausstellung gefunden werden, die inzwischen ein fester Bestandteil des weihnachtlichen Nürnberger Kulturlebens wurde. Sie versteht sich als ruhender und beschaulicher Gegenpol zum doch sehr umtriebigen und lauten Rummel des Christkindlmarktes. Weiterhin bringt sich der Verein in Gemeinschaftsarbeit bei der Herstellung, Gestaltung und Restaurierung von Großkrippen der Nürnberger Region ein und bekleidet Figuren für Ortskirchen. Krippenbauer wie Willi Biegler[7], der mit seinen Metallkrippen völlig neue Wege zur Meditation geht, Luise Böhm, für die bei ihren Krippen Licht und Farben vorrangig sind, das verwendete Material aber von untergeordneter Bedeutung ist, der leider viel zu früh verstorbene vielseitige und experimentierfreudige Peter Guggenberger und in jüngerer Zeit der Wendelsteiner Krippenschnitzer Norbert Tuffek mit seiner Liebe zum ländlichen Barock sind die bekanntesten einer stattlichen Anzahl von Nürnberger Krippenbauern, deren Wirken dem Verein zunehmende Beachtung und Anerkennung über die Stadtgrenzen hinaus verleihen. Nach dem Weltkrippenkongress von

nachfolgende Zweiteilung Deutschlands brachten die einst so blühende Industrie nahezu zum Erliegen.

Krippenleben nach dem Zweiten Weltkrieg

Die Gründung des Vereins Bayerischer Krippenfreunde im Jahre 1917 führte 1919 zur Bildung der Ortsvereine Aschaffenburg[4] und Bamberg[5] und 1921 Würzburg. Erst 1953 konstituierte sich im evangelischen Nürnberg[6] ein Ortsverein. Sein engagiertestes Mitglied wurde Luise Böhm. Durch das Entgegen-

---

[4] Schad, Brigitte: Krippen in Aschaffenburg, Aschaffenburg 1988
[5] Bonell, Gudula: Bamberger Krippen, Bamberg 1973; Bamberger Krippenfreunde (Hrsg.), Bamberger Krippenkunst, Bamberg 1989; Bauer, Emil / Röhrig, Hans-Günther: Krippenstadt Bamberg. Bamberg, 1989; Freise-Wonka, Christine: Bamberger Krippen, Bamberg 2000
[6] Reus, Peter / Neuhaus, Heinrich G.: Krippen in Nürnberg, Bamberg 1998
[7] Biegler; Willi / Soete, Anette: Leuchtspur der Hoffnung, Münsterschwarzach 1980

Geschichte der Krippe in Bayern – Franken

Geschnitzte Figuren aus Bamberg, 2. Hälfte 20. Jahrhundert
Zu den begabten Krippenschnitzern in Bamberg, vor allem um 1960 und danach, zählte auch Max Huscher, mit dessen Figuren heute noch viele Krippen – hier „Die Frauen am leeren Grab" (Ausschnitt) – gestaltet werden.

1979 in Nürnberg stand die fränkische Hauptstadt noch ohne Krippenhinterland da. Inzwischen wirkt ihre Ausstrahlung vor allem in das südliche Mittelfranken hinein, das zu einer blühenden Krippenlandschaft geworden ist.

Bamberger Krippengeschichte

Ohne die Verdienste der anderen fränkischen Regionen schmälern zu wollen, muss man doch feststellen, fränkische Krippengeschichte ist zum großen Teil Bamberger Krippengeschichte. Von hier aus begann die fränkische Krippenbewegung. Die Krippe nimmt in Bambergs Kulturleben einen Platz ein wie wohl in keiner anderen Stadt. Als im Jahre 1963 Jakob Gerner zum Vorsitzenden des Vereins gewählt wurde, war dies der Anfang einer fast 40 Jahre andauernden Vorstandstätigkeit, deren stetiger Aufschwung den Verein zu einem der mitgliederstärksten Krippenvereine weltweit machte und sein Gesamtbild, wie es sich heute darstellt, entscheidend prägte. Er nutzte geschickt den Umstand, dass ihm eine ganze Generation von begabten Krippenbauern und Krippenschnitzern zur Verfügung stand, die ihn bei seinem Einsatz für das Wachsen

63

Geschichte der Krippe in Bayern – Franken

Krippe St. Stephan in Bamberg, 1958 bis 2004
Aus Stein meißelte die Künstlerin Wini Bechtel-Kluge abstrahierend und doch eindrucksvoll zahlreiche Szenen mit biblischen Gestalten – wie hier der 12-jährige Jesus vor den Schriftgelehrten – und Heiligen, aber auch mit Zerbrochenen, Verlorenen und Ausgestoßenen.

der Krippentradition in Bamberg unterstützten. Krippenbauer und Schnitzer wie Max Huscher, Adam Kirchner, Walter Hamatschek, Hans Dreßel, Aquilin Markl und Franz Döppmann haben neben vielen anderen durch ihre Krippenkunst den Verein auch weit über die Grenzen Bambergs hinaus bekannt gemacht. Die jährlichen Ausstellungen in der Maternkapelle zogen immer mehr Menschen in ihren Bann. 1978 fand in Göppingen die erste auswärtige Krippenschau mit fränkischen Krippen statt. Es folgten weitere in verschiedenen Städten Deutschlands. Ein Höhepunkt in der Vereinsgeschichte war 1977 die Einrichtung einer Krippenbauschule. Hier kann jedermann nach seinen Vorstellungen gegen entsprechendes Entgelt unter fachmännischer Anleitung seine Hauskrippe bauen. Im Verbund mit der Stadt Bamberg und unter führender Mitwirkung Gerners erfolgte die Einrichtung des Bamberger Krippenweges. Heute besuchen Tausende von Krippenfreunden in der Advents- und Weihnachtszeit die Krippenstadt Bamberg. Seit 1990 erfolgt regelmäßig die Ausrichtung einer Fastenkrippen-Ausstellung, ein Pilotprojekt, das noch immer viel Geduld der Krippenbauer und Überzeugungsarbeit in der Bevölkerung fordert, auch wenn sich schon ein fester Stamm von Liebhabern dieser Krippenart herausgebildet hat.

Das Mitwirken der Bamberger Krippenfreunde bei den zwei großen öffentlichen Stadtkrippen hat als Nachahmungseffekt bewirkt, dass im Landkreis Bamberg fast in jeder Gemeinde eine Dorfkrippe aufgestellt wurde, wobei der Enthusiasmus dem Krippensachverstand manchmal weit vorauseilte. In den letzten Jahrzehnten hat sich mit Bamberger Krippen zum ersten Mal in Franken etwas entwickelt, was man unter Vorbehalt einen eigenen Krippenstil nennen kann: eine Bühnenkrippe, wie wir sie von München kennen, darin jedoch keine Phantasiearchitektur, sondern Kulissen, die den Plätzen und Winkeln Alt-Bambergs nachgebildet sind, dazu eine figurenarme Aufstellung, die sich auf das Heilsgeschehen konzentriert.

Geschichte der Krippe in Bayern – Franken

Fränkische Heimatkrippe, 2. Hälfte 20. Jahrhundert
Die fränkische Vorliebe für das Plastische und Farbige, Kunstvolle und Kleinteilige spürt man in heimatlichen Krippen, wie hier im Umland von Gößweinstein im fränkischen Jura.

Öffentliche Krippensammlungen

Das Diözesanmuseum stellt eine reichhaltige Krippensammlung aus, die hauptsächlich aus dem Nachlass des langjährigen Verbandsvorstandes, des „Krippenpfarrers" Johannes Freitag, stammt. Seit 2001 gibt es auch ein privates Krippenmuseum in Bamberg, das der Kunsthistoriker und Krippensammler Erk Baumann aufgebaut hat und leitet. In Aschaffenburg vermachte der Fabrikant und Krippensammler Anton Gentil seine umfangreiche Krippe aus Lienz, mit Figuren von Probst und Hitzl und mit Architekturen aus dem vermutlich böhmischen Raum, sowie die ehemalige Oberaltaicher Klosterkrippe aus dem 18. Jahrhundert und geschnitzte Krippenfiguren der Aschaffenburger Künstlerin Kathi Hock seiner Vaterstadt. Eine weitere Krippenattraktion in nächster Nähe Aschaffenburgs ist das Glattbacher Krippenmuseum, eine völkerkundliche Krippensammlung der Gemeinde. Das Geschenk von Domkapitular Dr. Jürgen Lenssen, bis 1989 Pfarrer in Glattbach, hat diese Einrichtung ermöglicht. Im historischen Stengerhaus werden Krippen aus über 40 Ländern ausgestellt und durch historische Krippen und Fatschenkinder ergänzt.[8]

---

[8] Lenssen, Jürgen: Und sie fanden das Kind, Würzburg 1988; Bernhard, Friedolin: Das Krippenmuseum Glattbach, Glattbach 1998

Geschichte der Krippe in Bayern – Franken

Rhöner Krippe, 1995
In den Rhöner Krippen werden die – inzwischen wohl ausgestorbenen – Originale lebendig, deren Schlichtheit aber immer noch ein Qualitätskennzeichen dieses Krippentyps ist.

Krippenschnitzer – ein neuer Zweig der Volkskunst in der Rhön

Geologisch und topografisch eine Einheit bildend, zerfällt die Rhön[9] in einen fränkischen, also bayerischen, einen hessischen und einen thüringischen Teil. Die in dieser sehr kargen Gegend heute gepflegte Holschnitzerei geht auf die Nebenerwerbstätigkeit der armen Rhöner Kleinbauern zurück, die gezwungen waren, ihre Existenzgrundlage mit der Herstellung einfacher hölzerner Gebrauchsgegenstände aufzubessern. Der erste Rhöner Krippenschnitzer war Christoph Heuring (1823-1910) aus Ostheim vor der Rhön, der mit seinen als Kinderspielzeug gedachten Figuren aber noch ohne größeren Einfluss blieb. Mit der Gründung der Schnitzschule im hessischen Poppenhausen 1852, beziehungsweise nach deren Umzug im Jahre 1862 in das bayerische Bischofsheim, konnten die künftigen Meister ihre Fähigkeiten vervollkommnen. Als Vater der Rhöner Krippe wird Gerhard Keßler (geb. 1910) aus Stangenroth bezeichnet. Nach einer Lehre in Oberammergau und einer weiteren Ausbildung im thüringischen Empfertshausen legte er 1948 an der Schnitzschule in Bischofsheim die Meisterprüfung ab. Der Vorsitzende der Fuldaer Krippenfreunde, Wilhelm Will, drängte Keßler zum Schnitzen von Krippenfiguren. So kamen die bodenständigen, unverfälschten, herben Rhöner Charaktere in ihrer einfachen Kleidung und mit ihren verwitterten Gesichtszügen in die Krippe. Heute gibt es eine ganze Reihe von Bildhauern, die in Keßlers Geist Krippen schnitzen, nicht nur für die engere Heimat, sondern auch weit darüber hinaus. Sie entsprechen dem Bedürfnis nach Schlichtheit und Wahrhaftigkeit.[10]

---

9 Vgl. Böhm, Elke / Worschech, Reinhard / Poss, Rolf: Krippen aus der Rhön, Bilder einer Kunstlandschaft, Lindenberg 1998; Brückner, Wolfgang: Röhner Schnitzfiguren, Petersberg 2008
10 Der gesamte Abschnitt über die Rhön wurde von Werner Zeise (Ostheim) verfasst.

Geschichte der Krippe in Bayern – Franken

Moderne Krippe aus Nürnberg, 1979
Neue Gestaltungsmöglichkeiten mit stark symbolischer Aussage fand der Werkzeugmachermeister Willi Biegler für viele seiner Metall-Krippen, wie beim „Weg der Erlösung" mit elf Szenen von der Erschaffung des Menschen bis zur Auferstehung Jesu.

Brauchtumsbezogene Krippenliebe

Insgesamt nicht fassbar, wie die Menge der öffentlich zugänglichen Krippen, sind auch die vielen sorgsam gehüteten Hauskrippen, die – von Außenstehenden unbemerkt – im Kreise der Familie als geliebter Weihnachtsbrauch jedes Jahr aufgestellt werden. Aber auch sie tragen zu einem krippenfreundlichen und krippenbejahenden Klima in Franken bei.

Doch diese Entwicklung verläuft nicht immer im Sinne der organisierten fränkischen Krippenfreunde. So haben auch profane Einrichtungen und Organisationen den Popularitätswert der Krippe erkannt und mit wenig Sinn und Einfühlungsvermögen für die wahren Werte der Krippe sie zu einem Objekt der Popularitätssteigerung und Verkaufsförderung degradiert. Glaubensverkündigung und christliches Brauchtum spielen hier keine Rolle mehr. Gerade die Krippenstadt Bamberg, aber auch andere Regionen, haben derzeit unter einer fast inflationären Flut von mehr oder minder krippengerechten Ausstellungen zu leiden. Doch haben die fränkischen Krippenfreunde in ihrem Bemühen um die Werte der Krippe mit der frommen Gläubigkeit der Bevölkerung, ihrem Hang zum alten religiösen Volksbrauchtum und der fränkischen Vorliebe für das Plastische und Farbige, Kunstvolle und Kleinteilige wertvolle Helfer in ihrer Krippenliebe.

Krippenszene in Bamberger Gasse, um 1980
Winkel und Gassen in der berühmten Altstadt, für viele Inbegriff der deutschen Romantik, dienen häufig als Anregungen oder Vorlagen, wie hier bei der Krippe von Walter Hamatschek.

Geschichte der Krippe in Bayern – Franken

Bamberger Passionskrippe, 2002
Als Pilotprojekt versteht sich die Passions-Ausstellung, die seit 1990 jährlich in der Bamberger Maternkapelle aufgebaut und mit älteren oder – wie hier von Wilfried Kuntke – mit neueren Figuren inszeniert wird.

Klaus Porten
Krippe in der Moselregion

Dieses Gebiet ist mit seinem Zentrum Trier, der römischen Gründung Augusta Treverorum, gleichzeitig ein Mittelpunkt frühen Christentums. Unter Kaiser Konstantin dem Großen, der auch die Geburtskirche von Bethlehem erbauen ließ, und dessen Mutter Helena die Stadt ihre berühmteste Reliquie, den „Heiligen Rock" verdankt, war sie Kaiserresidenz. Hier wurde der heilige Ambrosius (um 340-397), der spätere Bischof von Mailand, geboren. Durch seine realistischen Formulierungen über die Windeln des neugeborenen Christkindes wurde er zu einem Wegbereiter mittelalterlicher Krippenfrömmigkeit.

Das alles darf aber nicht darüber hinwegtäuschen, dass Trier und seine Region kein traditionelles Krippengebiet sind. Erst um 1900 weiß man von einfachen Krippen zu berichten. Ihre Figuren waren in der Regel Produkte der heimischen, das heißt linksrheinischen „Kirchlichen Kunstanstalten", die etwa ab 1870 gegründet wurden. Der Krippenberg oder die Krippenlandschaft traten bedeutungsmäßig hinter den Figuren zurück. Vermutlich sahen diese Krippen nicht viel anders aus als die Kirchenkrippe des ca. 25 km moselabwärts von Trier gelegenen Winzerdorfes Klüsserath, die 1915 auf Betreiben des Pfarrers aufgestellt wurde. Es handelte sich um einen einfachen schilfgedeckten Stall mit ca. 30 cm großen Figuren aus Gips im Nazarenerstil.

Aber dieser Pfarrer hatte in der zweiten Hälfte des 20. Jahrhunderts einen Nachfolger, dem die Krippe und ihre Verbreitung sehr am Herzen lagen. Seine Krippenbegeisterung brachte Anton Kirstein den Beinamen „Krippenpfarrer" ein. Verbindungen nach dem schwäbischen Ichenhausen und nach Bamberg und Innsbruck entstanden beim Internationalen Krippenkongress 1979 in Nürnberg. Der Ichenhausener Krippenverein übernahm unter maßgeblicher Mitwirkung des dortigen Bildhauers Ludwig Vogele eine Patenschaft. Sie führte 1982 zur Gründung des Vereins „Klüsserather Krippenfreunde". Der Verein hat sich dem Verband Bayerischer Krippenfreunde angeschlossen. Er unterhält im Auftrag des Verbandes seit 1989 eine Krippenbauschule, in deren Kursen unter anderem auch Krippenbaumeister herangebildet werden. Ende Mai 2010 wurde in Klüsserath ein eigenes Krippenmuseum, das „Haus der Krippen", eröffnet, das alte und neue Objekte aus bekannten Krippenregionen und auch fernen Ländern zeigt.

Von den vielfältigen Vereinsaktivitäten, vor allem den periodisch veranstalteten Krippenausstellungen und Krippenbaukursen, gingen sehr starke Impulse für die Weihnachtskrippe in der Mosel-, Eifel- und Saarregion aus. So finden sich heute vermehrt heimatliche, orientalische und stilisierte Krippen in den Kirchen und Häusern.

Moselländische Heimatkrippe, 2010
Der Kontrast von Wärme und Kälte prägt die winterliche weihnachtliche Szene, die Klaus Porten in seinen Wohnort Klüsserath und das neue Krippenmuseum (Gebäude mit der Heiligen Familie) versetzt hat.

Krippenmuseen und Krippen in Museen

Auswahl (meist ganzjährig geöffnet) zu Bayern

95659 Arzberg: Volkskundliches Gerätemuseum
Marktredwitzer Landschaftskrippe
mit über 2000 Figuren (1850-1970) und Gebäuden
Wunsiedler Straße 14, Tel. 09233/5225,
Internet www.bergnersreuth.de

63739 Aschaffenburg: Gentilhaus
Probst-Krippenfiguren (Tirol um 1800), Egerlandkrippe
Grünewaldstraße 20, Tel. 06021/3868866
Internet www.museen-aschaffenburg.de

96049 Bamberg: Krippenmuseum
Krippen aus vier Jahrhunderten und mehr als 25 Ländern
Obere Sandstraße 23, Tel. 0951/55657

96049 Bamberg: Diözesanmuseum
Alte Iglauer Krippe mit 400 Figuren
Domplatz 5, Tel. 0951/502316,
Internet www.erzbistum-bamberg.de

94469 Deggendorf: Stadtmuseum
Barocke Jahreskrippe mit 230 Figuren
Östlicher Stadtgraben 28, Tel. 09 91/29 60-555,
Internet www.stadtmuseum-deggendorf.de

85354 Freising: Diözesanmuseum
Krippensammlung mit der ehemaligen Domkrippe
von Sebastian Osterrieder
und einer großen neapolitanischen Krippe aus dem 18. Jh.
Domberg 21, Tel. 08161/48790,
Internet www.dommuseum-freising.de

82467 Garmisch-Partenkirchen: Museum Aschenbrenner
Krippenausstellung der Werdenfelser Krippenfreunde,
ergänzt durch Klosterarbeiten
sowie Figuren der „Alten Münchner Schule" um 1800
Loisachstr. 44, Tel. 08821/7303105,
Internet www.museum-aschenbrenner.de

63864 Glattbach: Krippenmuseum
Über 1000 Weihnachts-Szenarien aus mehr als 60 Ländern
Hauptstr. 114, Tel. 06021/3491-0,
Internet www.glattbach.de

91710 Gunzenhausen: Weiperter Heimatstuben
„Endlerkrippe" um 1926
Zum Schießwasen 1, Tel. 09831/508-109,
Internet www.gunzenhausen.de

91074 Herzogenaurach: Krippenmuseum
Weihnachts- und Passionskrippen
Welkenbacher Kirchweg 15, Tel. 09132/2906,
Internet www.krippenfreunde-herzogenaurach.de

87435 Kempten: Allgäumuseum
Jahreskrippe mit über 250 Figuren 1. Hälfte 19. Jh.
Memminger Str. 5, Tel. 0831/2525200,
Internet www.allgaeu-museum.de

86381 Krumbach: Mittelschwäbisches Heimatmuseum
Typische mittelschwäbische „Bachenen"-Krippen u.a.
Heinrich-Sinz-Str. 3-5, Tel. 08282/3740,
Internet www.museum.krumbach.de

94149 Kößlarn: Kirchenmuseum
Zahlreiche Krippenfiguren aus dem 18. und 19. Jh.
Marktplatz 35, Tel. 08536/1559,
Internet www.kirchenmuseum-koesslarn.de

95615 Marktredwitz: Egerland-Museum
Zwei Egerländer Krippen 2. Hälfte 19. Jh.
Fikentscherstr. 24, Tel. 09231/3907,
Internet www.egerlandmuseum.de

87719 Mindelheim: Schwäbisches Krippenmuseum
Entwicklung der Bilderwelt um Kindheit und Passion Jesu Christi im
schwäbischen und bayerischen Raum
Hermelestr. 4, Tel. 08261/6964,
Internet www.mindelheim.de

94360 Mitterfels: Heimatmuseum
Mehrere Krippen und Christkindl
Burgstr. 1, Tel. 09961/9400-25

80538 München: Bayerisches Nationalmuseum
Weltberühmte Krippensammlung mit Beispielen des 17. bis 19. Jh.
aus dem Alpenraum, Neapel und Sizilien
Prinzregentenstr. 3, Tel. 089/21124-01,
Internet www.bayerisches-nationalmuseum.de

90402 Nürnberg: Germanisches Nationalmuseum
Mehrere Krippen 19. und 20. Jh.
Kartäusergasse 1, Tel. 0911/1331 0,
Internet www.gnm.de

92660 Neustadt an der Waldnaab: Stadtmuseum
Barocke Jahreskrippe mit über 100 Figuren und Tieren
Stadtplatz 10, Tel. 09602/8929,
Internet www.neustadt-waldnaab.de

Krippenmuseen und Krippen in Museen

82487 Oberammergau: Museum
Oberammergauer Krippen, darunter berühmte historische
Kirchenkrippe
Dorfstr. 8, Tel. 08822/94136,
Internet www.oberammergaumuseum.de

97247 Obereisenheim: Erzgebirgischer Spielzeugwinkel
Mehrere Krippen, darunter eine mechanische von 1870,
und Lichterbögen
Wipfelder Str. 16, Tel. 09386/90159,
Internet www.spielzeugwinkel.de

85764 Oberschleißheim: Museum im Alten Schloss
Kunsthandwerk der Völker zur religiösen Fest- und Alltagskultur aus
der Sammlung Gertrud Weinhold (1899–1992), darunter über 120
europäische und außereuropäische Krippen
Maximilianshof 1, Tel. 089/315872-12,
Internet www.bayerisches-nationalmuseum.de/Altes-Schloss-
Schleissheim

87724 Ottobeuren: Krippensammlung der Abtei
Über 400 Figuren aus dem 18. und frühen 19. Jh.
Sebastian-Kneipp-Str. 1, Tel. 08332/798-0

95703 Plößberg: Krippen- und Heimatstube
Mehrere Krippen, darunter hoher Krippenberg Ende 19. Jh.
Jahnstr. 1, Tel. 09636/9211-0,
Internet www.ploessberg.de

83209 Prien am Chiemsee: Heimatmuseum
Religiöse Kunst und Krippen
Valdagnoplatz 1, Tel. 08051/92710,
Internet www.tourismus.prien.de

91541 Rothenburg ob der Tauber: Deutsches Weihnachtsmuseum
Überblick über die Geschichte der Weihnacht mit hunderten
historischen Exponaten, darunter Papierkrippen
Herrngasse 1, Tel. 09861/409-365,
Internet www.weihnachtsmuseum.de

96132 Schlüsselfeld: Stadtmuseum
Große fränkisch-bäuerliche Krippe um 1930 im Stadttor
Marktplatz 25, Tel. 09552/9222-10,
Internet www.schluesselfeld.de

86830 Schwabmünchen: Museum und Galerie der Stadt
Krippensammlung mit mechanischer Nazarener Papierkrippe aus
dem Sudetenland
Holzheystr. 12, Tel. 08232/950260,
Internet www.museum-schwabmuenchen.de

84359 Simbach am Inn: Heimatmuseum
Große Rott-Inntaler Trachtenkrippe um 2000
Innstr. 21, Tel. 08571/920605,
Internet www.simbach.de

87527 Sonthofen: Heimathaus
Große mechanische Altmummener Krippe (1881-1961)
Sonnenstr. 1, Tel. 08321/3300,
Internet www.sonthofen.de

84529 Tittmoning: Heimathaus
Große Barockfiguren, Wachsplastiken von Cetto u.a.
Burg Tittmoning, Tel. 08683/7007-10
Internet www.burg-tittmoning.de

95652 Waldsassen: Stiftlandmuseum
Ca. 40 (Kasten-)Krippen, darunter einige mechanische,
aus Böhmen und dem Stiftland
Museumstraße 1, Tel. 09632/91247,
Internet www.waldsassen.de

92637 Weiden: Stadtmuseum
Große stiftländische Krippe aus dem 19. Jh. mit 140 Personen
und 110 Tieren und regionalen Besonderheiten
Schulgasse 3 a, Tel. 09 61/4 70 39 00,
Internet www.weiden-oberpfalz.de

82362 Weilheim: Stadtmuseum
Weilheimer Brettkrippe von 1721
Marienplatz 1, Tel. 0881/682-600,
Internet www.weilheim.de

95632 Wunsiedel: Fichtelgebirgsmuseum
Zahlreiche kleine und zwei Großkrippen vom 18. bis 20. Jh.
Spitalhof 5, Tel. 09232/2032,
Internet www.fichtelgebirgsmuseum.de

Außerhalb Bayerns (und dem Bayerischen Krippenverband
angeschlossen)

54340 Klüsserath: Haus der Krippen - Domus Praesepiorum
Über 90 historische und zeitgenössische Krippen vor allem aus
Deutschland, Österreich und Italien
Hauptstraße 83, Tel. 06507/93 92 04,
Internet www.krippenmuseum.info

89613 Oberstadion: Krippen-Museum Oberstadion
160 Krippen besonders aus Deutschland, Österreich und Italien
Kirchplatz 5/1, Tel. 07357/9214-10,
Internet www.krippen-museum.de

Literatur

Literatur (in Auswahl)
zur Krippengeschichte in Bayern

(Literatur zu einzelnen Krippen, Krippenorten und kleineren Krippenregionen wurde nicht berücksichtigt, findet sich aber teilweise bei den speziellen Artikeln)

Berliner, Rudolf:
Denkmäler der Krippenkunst, Lieferungen I – XXI (168 Tafeln), Augsburg 1926-30

Berliner, Rudolf:
Die Weihnachtskrippe, München 1955

Bogner, Gerhard:
Das neue Krippenlexikon, Lindenberg 2003

Bogner, Gerhard:
Die Barockkrippen in Bayern, Lindenberg 2007

Bogner, Gerhard:
Krippen in der Oberpfalz, Regensburg 2001

Daxelmüller, Christoph:
Krippen in Franken, Würzburg 1978

Döderlein, Wilhelm:
Alte Krippen, München 1960

Gockerell, Nina / Haberland, Walter:
Krippen im Bayerischen Nationalmuseum, München 2005

Hager, Georg:
Die Weihnachtskrippe. Ein Beitrag zur Volkskunde und Kunstgeschichte aus dem Bayerischen Nationalmuseum, München 1902

Kreitmeier, Josef:
Die Weihnachtskrippe, ein Weckruf zur Freude, München 1922

Lidel, Erich:
Die Schwäbische Krippe, Weißenhorn 1987

Mitterwieser, Alois:
Frühere Weihnachtskrippen in Altbayern, München 2. Auflage 1927

Pfistermeister, Ursula:
Barockkrippen in Bayern, Stuttgart 1984

Röhrig, Hans-Günther:
Fränkisches Krippenbuch, Bamberg 1981

Scharrer, Guido und Ulli:
Krippenausstellung im Kreuzgang des Augsburger Doms – Verband Bayerischer Krippenfreunde (Katalog zum 18. Weltkrippenkongress), Straubing 2008

Spiegel, Beate / Thierbach, Melanie / Trepesch, Christof: *Krippenkunst (Katalog zum 18. Weltkrippenkongress), Lindenberg 2007*

Verein Bayerischer Krippenfreunde (Hrsg.):
Handbuch für Krippenfreunde, Regensburg 1967

Walzer, Albert:
Schwäbische Weihnachtskrippen aus der Barockzeit, Konstanz 1960

Weinhold, Gertrud:
Freude der Völker. Weihnachtskrippen und Zeichen der Christgeburt aus aller Welt, München 2. Auflage 1984

Hefte der Zeitschrift „Der Bayerische Krippenfreund", 1917ff

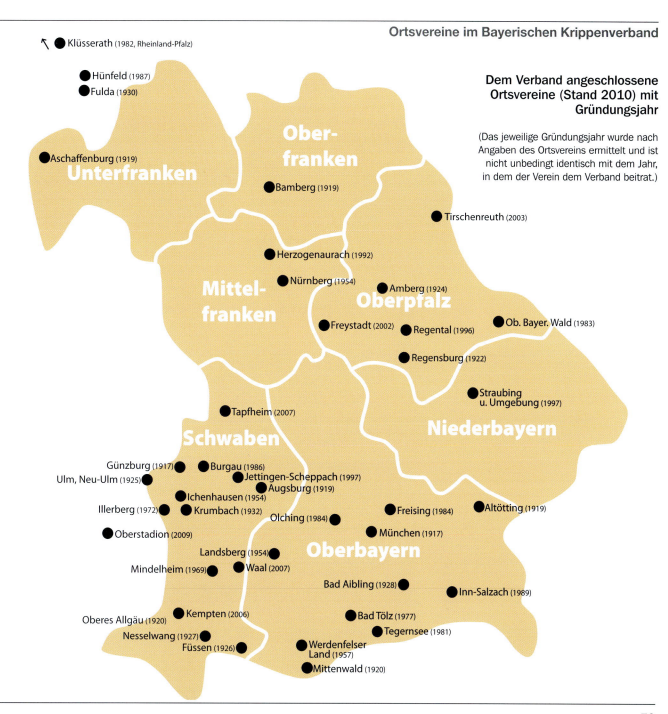